跟心裡的傷痛告別

創傷療癒大師教你如何修復失衡的人生

查爾斯 · 惠特菲爾德醫學博士　著
Charles L. Whitfield M.D.

黃意然　譯

目次

005 **序言**
015 **導論**
023 **第一章** 發現我們的內在小孩
037 **第二章** 產生內在小孩概念的背景
047 **第三章** 內在小孩是什麼？
065 **第四章** 扼殺內在小孩
081 **第五章** 扼殺內在小孩的關鍵：羞愧與自卑
107 **第六章** 壓力的影響：創傷後壓力症候群
117 **第七章** 如何療癒內在小孩？

133 **第八章** 處理核心問題
153 **第九章** 識別與體驗感覺
171 **第十章** 哀悼的過程
189 **第十一章** 持續哀悼：冒險、分享、講述自身的故事
213 **第十二章** 轉化過程
237 **第十三章** 整合人生故事
251 **第十四章** 靈性的角色
281 附錄一 當父母處於哪些狀況，容易扼殺孩子的內在小孩？
318 附錄二 需要特別注意的失落事件

序言

卡德維爾．C．納克爾斯博士

很榮幸為這本經典書的修訂版作序。

查爾斯．惠特菲爾德博士是創傷治療的先驅，從一九九四年起，他的同儕就公認惠特菲爾德博士是美國最傑出的醫生。他的智慧與文字，觸動了數百萬讀者的心靈和思想，賦予大家珍貴的寶物——希望。在他的職業生涯中，惠特菲爾德博士慷慨地公開他終身的研究與臨床經驗，分享給其他專業人士及復原中的個案。超過七十五位作者引述這本書，顯示此書在我們這一行具有重要地位。

從惠特菲爾德博士首度發表本書之後的二十年，我們越來越了解創傷對人類心理的影響，在這方面的研究有了長足的進步，本書對此有重要貢獻，也因此成為暢銷書。惠特菲爾德博士提出，「內在小孩」是「我們內心最活躍、精力充沛、富有創造力、完滿的部分」。倘若我們這個部分沒有得到滋養，假我（false self）就會出現。為了瞭解並超越假我，以免受困假我之中，惠特菲爾德博士從三大方面切入：第一，虐待及忽視兒童的影響；第二，透過述說自身故事，進行整合，這是我們從童年受到虐待與忽視的諸多負面影響中痊癒的重要方法；第三，靈性的十二步驟康復法如何幫助我們療癒。

虐待及忽視兒童

如果缺乏建立並維繫親密、安全的關係的能力，生活會變得如何？如果缺乏關懷他人的能力或是感受憐憫、同情與愛的能力，又會怎麼樣？想要建立有情感聯繫的健全關係，這種能力涉及大腦的特定部位，這些部位是在人生的最初幾年發育而成。假如孩子反覆受創，嚴重阻礙這些部位的健康發育，孩子會經常陷入失控的「戰／逃／僵住」的狀態，稱為創傷後壓力症候群。孩提時代的發展受到阻礙或負面影響，也可能導致成年後難以感到興奮或快樂。在本書中，惠特菲爾德博士表示，在問題家庭中，虐待兒童的狀況十分常見，並記述多種不同型態的創傷，例如近來研究顯示，對發育中的孩童而言，除了肢體傷害或性虐待，忽視和情緒虐待同樣會造成毀滅性的影響。

惠特菲爾德博士解釋，嚴重的身體虐待和明顯的性行為，對嬰幼兒和兒童造成的創傷是顯而易見的，但其他形式的虐待就比較難認定為虐待，其中或許包括輕度到中度的身體虐待、隱祕或較不明顯的性虐待、精神和情緒虐待、忽視、疏忽或阻礙孩童的心靈成長。

早在剛出生的第一年，兒童就已經開始培養表達情緒的能力，並展現對情感和行為的控制程度。在發育的關鍵時期，我們會學習如何和自己以及其他人相處。

整合我們的故事

我們的故事，可以讓我們更了解自己。為何述說自己的故事如此重要？原因很複雜，不過研究人員和臨床醫師正逐步拼湊出問題的解答。正如惠特菲爾德博士非常具有說服力的解釋：「我們逐漸看出，我們現在的行為和小時候的經歷有所關連。當我們分享自己的故事，我們才能漸漸擺脫受害者或受苦者的角色，從強迫性重複中解脫。」

研究顯示，最重要的並不是我們在兒童時期到底經歷了什麼，而是我們搞不搞得清楚那段經歷的意義。換句話說，清楚明白的個人經歷，能促成情緒與理智的整合。如惠特菲爾德博士所說：「述說自己的故事，是發現並療癒內在小孩的有力行動。」這一個簡單的行動，能促使我們的大腦執行幾項任務，包括合併情感、行為、自覺意識和感覺。在這個過程中，我們會理解人生中的事件，並重新塑造這些事件、行為與情緒，讓自己成為更健全、更富有洞察力的整體。

這樣的整合過程，在安全的場所進行會最有效，比如團體或個別的心理治療、自助團體聚會、寫日記或者與摯友談心。過去五十年來的研究發現，具有專門技能又可靠的治療關係，是治療能否成功的最佳預測指標。在那種環境中，臨床醫師能夠協助患者在安全的場所尋找人生經歷的意義，他們能夠冒險，放下本來對抗痛苦的不健全防禦手段，傾聽腦中支持他們的聲音，對自己和周遭的世界產生新的見解。有人稱這種體驗為「頓悟」或「開竅」。此時，他們會比較了解自己的情況，較有歸屬感、較少防禦、較為整合，這些就是個人的成長。

佛教徒將自我比喻為不斷剝皮的洋蔥，每一層都是有待探索與整合的新篇章。惠特菲爾德博士說明：「當我們轉化時，我們會開始整合這些轉變，應用在日常生活中。整合，意味著用不同的小部分組成整體。」了解整合會如何影響我們的幸福非常重要。我們的大腦整合程度越高，就會越複雜、健全。用以下的故事為例：

馬可斯生長在一個有酗酒史的家庭。他父親是會虐待他人的酒鬼，經常拿皮帶抽打馬可斯。十二歲時，馬可斯決定再也不許任何人傷害他，從那時起，他公開聲明：「誰敢惹我，我就給他好看。」馬可斯有很多酒友，但他總是和有權威的男性起衝突，例如主管、老師、警察和男治療師。別人問他時，他說：「感覺就像被另一個我控制，根本不由自主。」在療程當中，馬可斯一直很難處理自己的情感，也似乎找不到詞彙來表達情緒。他形容他的憤怒是「走極端，要嘛毫無感覺，要嘛就是勃然大怒」。

大腦的語言是由情感來表現，但馬可斯卻無法明確描述自己的情緒，也無法好好控制。我們認為這種困難就是整合的問題。在此，馬可斯能夠利用幾種技巧來幫助自己。第一，他必須有所覺察，搞懂其意義，然後適時、有效地反應，這些可以藉由康復計劃做到。第二，冥想能改變大腦機能，比如正念冥想可以補充精神和情緒的能量，建立對人生的新看法與反應。在這本書中，惠特菲爾德博士會逐步說明如何培養這些復原的技能。

像馬可斯這樣在創傷環境中成長的孩子，會發育出過度活躍的腦幹。我們的壓力反應系統大多存在於這個區域，過多刺激會導致恐懼、焦慮、生氣、盛怒和衝動，反覆發生的童年創傷也會造成孩子難以產生同理心、無法解決問題、欠缺抽象思考及形成概念的能力。此外，像馬可斯這樣的人，可能會高估威脅的程度或是誤解臉部表情之類的視覺線索，導致他沒有能力調節情緒上的痛苦。不妨想像一下，當他還處於治療初期時，如果遇到讓他想起舊創傷的情況，會發生什麼事呢？比如說，要是工作上的男主管對他發脾氣，由於馬可斯的大腦早已學會進入「戰或逃」模式，他很可能會再次情緒爆發。

本書記述了十四種影響康復的核心問題，其一是「控制或缺乏控制」。對馬可斯和許多人而言，他們會因為恐懼失控，結果做出自我毀滅的行為。過去，男性權威人物曾告訴馬可斯，他們要拒絕治療他、解雇他、送他進監獄或用其他方式懲罰他，但這些行為只是更加鞏固馬可斯的觀念：一旦他允許這種人接近，他們就會傷害他。在進行治療的環境中，馬可斯能夠學會打破以往這種毫無效益的行為與思考模式，開始學習自我調節和自我安撫。本書非常清楚地談到這個改變的過程。

心理治療的首要重點，在於整合感受（情感）及思考（認知），藉此達到個人成長。馬可斯很難明確說出自己的感受，也無法加以處理，在這種情況下，他該用什麼方法，才能最有效地讓情感及思考取得平衡與整合？長久以來，我們利用敘述故事來傳達多種資訊，包括生活中的精神、情緒和身體各方面的訊息。當我們在團體中和保證人或治療師共同創造故事，我們就能夠整合、治癒因為壓力而失衡的大腦和身體。這種平衡與整合會帶來新的洞察力，馬可斯可能學會脫離他幼時為求生存、對抗憤怒的反應方式，長期以來，就是這種反應方式造成他的問題，但是對十二歲的兒童而言，那是他的大腦所能想出的最佳生存策略。隨著他學會一些自我安撫的技巧，例如：明確辨認自己的感受、重新框架、冥想，他的大腦逐漸能在以往會引爆怒氣的狀況中放鬆。

這正是惠特菲爾德博士在這本經典書中所提到的整合。想要變得完整，需要我們逐漸改變，意識到我們能夠保持平靜，也了解自己和他人。

運用靈性的十二步驟康復運動

如惠特菲爾德博士所寫：「按照最簡明的定義，靈性指的是我們與自我、其他人以及宇宙的關係。」

靈性不一定是要有宗教信仰。靈性的好處，包括謙遜、內在力量、理解人生的意義和目的、接納自己和他人、協調、寧靜、感激和寬恕。

有詳盡的資料可證明冥想與靈性之間的關係。冥想與靈性都涉及將感覺釋放到超越時空的地方；此外，靈性和療癒關係密切，許多人都知道，在康復的過程中，靈性能夠帶來力量。對於無神論者或不可知論者而言，冥想的技巧會是很有用的替代品。

提升靈性的方法很多。對馬可斯來說，最重要的也許是十二步驟康復法，以及和具有靈性的人為伍，並學習領會生命中許多富有靈性的時刻。過著忙碌而有意義的生活能增添樂趣，減少孤獨、空虛、痛苦。

惠特菲爾德博士說明：「……我們能開始明白，快樂不是我們可以得到的東西。確切地說，快樂、平和或寧靜是我們的自然狀態。在我們感受和體驗的一切之下，在我們的自我緊縮（self-contraction）之下，寧靜就在那裡。」

本書首次於一九八六年出版，當時是走在時代最前端的先驅之作。時至今日，本書和二十年前一樣具有重大的意義，依然是創傷心理學和治療這方面的創新書籍。歡迎各位來閱讀，因為我知道大家將在其中找到療癒和智慧。

導論

我在一九八六年著手寫作本書，當成一種輔助教材，以及給病患的「閱讀療法」。此書的內容簡單而有療效，是根據我對病患多年來的觀察（他們大多數人曾在童年受到心理創傷），以及我從相關臨床和科學文獻中學到的東西。我寫這本書並非為了一般大眾，也沒料到本書會銷售超過百萬本，並在全世界翻譯成十種以上的語言。

在這本書中獨創的內容和原理，幾乎都在後來的臨床科學與研究發現中得到佐證，這個事實非常引人注目，但並不出人意料。過去二十年來，這些研究結果證實，在造成創傷、令人痛苦的家庭中成長，會帶來不良的影響。在受過創傷的成年子女身上容易出現許多負面影響，其中，創傷後壓力症候群也許是最常見也最容易讓人失常的疾病。

驗證

十年來，除了我自己的調查外，我也讀了超過三百三十個科學研究，研究對象遍及全球，遠超過二十三萬人，這些研究結果顯示，創傷也可能造成許多其他有害的影響，並且以各種方式顯現出來，包括憂鬱症、成癮、思覺失調症等精神疾病，以及諸多身體上的毛病。

這些疾病又稱為「創傷系疾病」，和當事人童年時期反覆受創的經歷有著密切的關係。此外，與一般精神病學常識相反的是，這些疾病其實很難證明是源於遺傳的腦內化學物質失調，相關證據非常薄弱。事實上，即使相關研究發現任何腦部異常，也推測這些異常很可能就是引發疾病的機制，但是，自童年時期開始反覆受創，才是造成這個機制與疾病的原因[1]。

一九八六年以來，我們學到幾件更重要的事。世界上，多數家庭並不健全，未能提供並滿足孩子的健全需求，結果阻礙了孩童原本正常、健康的神經系統和心理成長。為了生存，受創孩子的真實自我（也就是「真我」或「內在小孩」）會深藏在潛意識的角落，換成「假我」或「自我」浮現在表面，試圖主導我們生活的一切，卻無法成功，因為假我只是對抗痛苦的防衛機制，並不是真的。假我的動機，大多是對恢復正常和掌控一切的需要。

療癒內在小孩的價值

我在本書所描述的療癒方法，經過無數人的驗證，這些人都採用了我所說的原則，最終恢復健康。我將最主要的六大價值概述如下：

覺醒——透過自身的努力和臨床醫師的協助，醒悟到想要康復，不是只要戒除某種行為（如酗酒、濫用藥物、控制別人）就行了。很多人試過戒除某種行為，即使得到些許改善，卻仍然感到痛苦；也有許多人不過是將癮頭轉移到食物、金錢、性、工作、不健康的關係等其他自我毀滅的強迫行為。很多人發現，他們拿到的精神科藥物效果不彰，而且有麻煩的副作用[1,2]。

發現並確認我們的真我（內在小孩）和靈性——對許多人而言，靈性更廣泛、通用、能夠賦予當事人生氣並帶來成長，也因此取代了傳統與宗教組織。

承認我們的確是在不健全的家庭中長大——我們之中，許多人成長於酗酒家庭或是其他類型的不健全家庭。

允許自己進行治療——有別於以往只能歸類精神疾病或「精神錯亂」的心理學模式，療癒內在小孩這種方法，停止將我們的痛苦認定為邪惡、生病、發瘋、愚蠢，重新定義為對不正常童年經驗的正常反應[1,2]。

規劃如何完成療癒過程的具體作法——我在此書中有詳細描述。

康復——擺脫困惑、痛苦，以及缺乏目標、意義和自我實現的生活[3]。

修訂本書的過程中，我修正了少許錯誤和一些過時的術語和文句，不過並未改變整體架構和治療的中心思想。

耐心和毅力

當我們在不健全的家庭和世界裡成長、受到創傷，想要從這些影響中康復，需要耐心和毅力。我們天生都迫不及待想要達成目標，跳過辛苦的治療過程；然而成功康復的重要關鍵，是學會精確辨識發生的事情、發生當下構成我們內在生活的要素（包括我們的各種情感），並學著與情緒上的痛苦相處，不試圖用藥物治療來趕走痛苦。

治療有個最深奧的原則，體現在「隨遇而安」這句話中。雖然需要花很長的時間才能治癒埋藏在心中的傷，不過，這句警語能提醒我們改變觀點，讓整個療癒過程變得更容易面對，也更富有意義，並提醒我們重視當下。當我們哀悼深埋的痛苦，努力解決需要復原的核心問題，我們需要憑藉耐心，慢慢化解過去未能解決的內在衝突。我們會逐漸發現，自己未來的終點尚未決定。我們活在當下，在這裡，我們都能找到寧靜。

查爾斯・惠特菲爾德醫學博士

1 Whitfield, C.L.: *The Truth about Depression: Choices for Healing.* Health Communications, Deerfield Beach, Florida, 2003

2 Whitfield, C.L.: *The Truth about Mental Illness: Choices for Healing.* Health Communications, Deerfield Beach, Florida, 2004

3 Whitfield, C.L.: *My Recovery: A Personal Plan for Healing.* Health Communications, Deerfield Beach, Florida, 2003

第1章

發現我們的內在小孩

在世界文化中，「我們內在有個孩子」的概念至少已經存在兩千年之久了。卡爾・榮格（Carl Jung）稱之為「聖童」（the Divine Child）；艾米特・福克斯（Emmet Fox）稱之為「神童」（the Wonder Child）；心理治療師愛麗絲・米勒（Alice Miller）和唐諾・溫尼考特（Donald Winnicott）稱之為「真我」（true self）；許多研究酒癮和其他成癮的學者稱之為「內在小孩」（inner child）。

內在小孩，指的是我們每個人內心最活躍、精力充沛、富有創造力、完滿的部分，這是我們的真我，亦即我們真實的自己。

由於父母不知情的助長，加上社會的推波助瀾，大多數人都否認了自己的內在小孩。當內在小孩沒有受到撫育，也無法自由地表達時，「假我」或「共依存的自我」就會出現，讓我們開始以受害者的立場來過日子，難以解決情緒創傷。假如精神上、情緒上未能解決的問題逐漸累積，會導致慢性焦慮、恐懼、困惑、空虛和不快樂。

否認內在小孩，以及伴隨而來的假我或負面自我，特別常見於在問題家庭中成長的兒童和成人，例如經常出現慢性的身體或精神疾病、嚴格、冷漠、缺乏關愛的家庭。

不過，這些問題都有解決之道。我們能夠發現並治癒內在小孩，掙脫束縛，消除因為依賴假我而承受的痛苦，這正是本書的目的。

本書對我有幫助嗎？

並不是每個人都在童年時期受到不當的對待或虐待。沒人真正知道，到底有多少人在成長期間得到充分、健全的關愛與指引，我估計大約是5％到20％，也就是說，大約有80％到95％的人沒有得到必要的關愛和引導，因此難以建立穩定的健全關係、對自己擁有足夠的自信。

要判斷你跟自己（或是跟其他人）的關係健全與否，並不是一件易事，不過下列問題會對你很有幫助。我將這套問卷命名為「復原潛力調查」，這份問卷不只會反映我們受傷的程度，也能夠顯示我們擁有多少成長的潛力，又有多少機會能實現活躍、大膽、創新、快樂的人生。

復原潛力調查（將最符合你真實感受的選項圈起來或打勾）

1 你尋求認可和肯定嗎？
●不曾　●很少　●偶爾　●時常　●通常

2 你無法認可自己的成就嗎？
●不曾　●很少　●偶爾　●時常　●通常

3 你害怕批評嗎？
●不曾　●很少　●偶爾　●時常　●通常

4 你會不會過度透支自己？
●不曾　●很少　●偶爾　●時常　●通常

復原潛力調查（將最符合你真實感受的選項圈起來或打勾）

5	你討厭自己的強迫行為嗎？	●不曾 ●很少 ●偶爾 ●時常 ●通常
6	你追求完美嗎？	●不曾 ●很少 ●偶爾 ●時常 ●通常
7	當生活順遂時，你會感到不安嗎？你會一直預期問題發生嗎？	●不曾 ●很少 ●偶爾 ●時常 ●通常
8	你在危機之中是否覺得更有活力？	●不曾 ●很少 ●偶爾 ●時常 ●通常
9	你是否很容易就喜歡別人，卻覺得很難喜歡自己？	●不曾 ●很少 ●偶爾 ●時常 ●通常
10	你會將自己孤立起來嗎？	●不曾 ●很少 ●偶爾 ●時常 ●通常

復原潛力調查（將最符合你真實感受的選項圈起來或打勾）

11	你面對權威人物和生氣的人，會出現焦慮的反應嗎？ ●不曾　●很少　●偶爾　●時常　●通常
12	你覺得他人和整個社會通常都在占你的便宜嗎？ ●不曾　●很少　●偶爾　●時常　●通常
13	你在親密關係方面遇過問題嗎？ ●不曾　●很少　●偶爾　●時常　●通常
14	你會吸引和追求有強迫行為的人嗎？ ●不曾　●很少　●偶爾　●時常　●通常
15	你會因為害怕孤單而堅持維繫關係嗎？ ●不曾　●很少　●偶爾　●時常　●通常
16	你時常懷疑自己的感覺和別人表達的情感嗎？ ●不曾　●很少　●偶爾　●時常　●通常

復原潛力調查（將最符合你真實感受的選項圈起來或打勾）

17
你覺得很難表達自己的情緒嗎？ ●不曾 ●很少 ●偶爾 ●時常 ●通常

以上這些問題，是改寫自一九八四年戒酒無名會家屬團體的資料，並經過該團體的同意。

假如你有任何一題的答案是「偶爾」、「時常」或「通常」，繼續閱讀這本書將會對你很有幫助。

其他需要考慮的問題還有：

復原潛力調查（將最符合你真實感受的選項圈起來或打勾）

18	你會不會害怕失控？	●不曾　●很少　●偶爾　●時常　●通常
19	你會不會害怕自己的感覺？	●不曾　●很少　●偶爾　●時常　●通常
20	你會不會害怕衝突和批評？	●不曾　●很少　●偶爾　●時常　●通常
21	你會不會害怕遭到拒絕或遺棄？	●不曾　●很少　●偶爾　●時常　●通常
22	你會不會害怕成為失敗者？	●不曾　●很少　●偶爾　●時常　●通常

復原潛力調查（將最符合你真實感受的選項圈起來或打勾）

23	24	25	26	27
你會不會很難放鬆精神、享受樂趣？ ●不曾 ●很少 ●偶爾 ●時常 ●通常	你覺得自己會強迫性地進食、工作、飲酒、用藥或尋求刺激嗎？ ●不曾 ●很少 ●偶爾 ●時常 ●通常	你試過諮商或心理治療，卻依然覺得「有什麼不對勁」或有所欠缺嗎？ ●不曾 ●很少 ●偶爾 ●時常 ●通常	你經常感到麻木、空虛或悲傷？ ●不曾 ●很少 ●偶爾 ●時常 ●通常	你很難信任別人嗎？ ●不曾 ●很少 ●偶爾 ●時常 ●通常

復原潛力調查（將最符合你真實感受的選項圈起來或打勾）

28	你的責任感過重嗎？	●不曾 ●很少 ●偶爾 ●時常 ●通常
29	你是否覺得個人生活及工作上都缺乏成就感？	●不曾 ●很少 ●偶爾 ●時常 ●通常
30	你感到內疚、信心不足或自卑嗎？	●不曾 ●很少 ●偶爾 ●時常 ●通常
31	你經常有慢性疲勞和全身疼痛？	●不曾 ●很少 ●偶爾 ●時常 ●通常
32	你覺得探望父母超過幾分鐘或幾小時就很難應付嗎？	●不曾 ●很少 ●偶爾 ●時常 ●通常

復原潛力調查（將最符合你真實感受的選項圈起來或打勾）

33	當別人問及你的感受，你會不確定該如何回答？ ●不曾 ●很少 ●偶爾 ●時常 ●通常
34	你是否曾經懷疑自己幼時可能遭到不當對待、虐待或忽視？ ●不曾 ●很少 ●偶爾 ●時常 ●通常
35	你是不是很難向別人開口要你想要的東西？ ●不曾 ●很少 ●偶爾 ●時常 ●通常

假如你有任何一題的答案是「偶爾」、「時常」或「通常」，這本書很可能會對你有幫助。如果你的答案大多是「不曾」，也有一種可能是你其實沒意識到自己的一些感受。

在本書中，我會描述發現真實自我的基本原則，並說明答案就在於釋放我們的真我，也就是內在小孩。之後，我會詳述如何療癒自己的真我，這也許能減輕我們的困惑、痛苦和折磨。

要完成這些步驟，需要時間、努力和訓練。因此，在未來的幾個月和幾年當中，你可以不時把這些篇章拿出來重讀。

第2章

產生內在小孩概念的背景

早在公元前，就已經留下內在小孩的參考文獻，不過，有三項重大的近代發展影響了今天的內在小孩概念。

虐待及忽視兒童

第一項發展，源於兩個運動。其一是辨識兒童虐待與康復的運動，其二則是這個運動的旁支，是許多臨床醫師、作者和這個運動相互影響的結果。過去數十年來，這些概念逐漸發展，時間範圍碰巧與內在小孩第二項主要發展吻合。

酒癮戒治

第二項主要發展，包含十二步驟康復運動，以及與此密切相關的酗酒與家庭治療運動。虐待兒童、心理治療和酒癮戒治這三者之間有明確的關連，也各有重要的貢獻。

自一九三五年戒酒無名會創立後，酒癮戒治開始出現成功的案例。多數戒酒無名會的創辦人不僅深受酒癮所苦，也往往是酗酒者的子女，或是在兒童時期遭到不當對待或虐待，許多人試過各種心理治療都沒有成功。不幸的是，即使到了今日，除了酒癮治療的領域之外，針對復原初期的酗酒者及其家屬的個別心理治療仍缺乏實質的進步。

如同心理治療，就在此時，虐待及忽視兒童的研究領域逐漸發現，在酒癮、藥物依賴和共依存症的領域中，有諸多臨床技巧可以借鑒。反過來說，酒癮／藥物依賴領域也從受虐兒童心理治療學到越來越多東西。

在最初二十年，戒酒無名會快速發展，在酒癮治療方面確立了不可動搖的地位。對於長年受到誤解和不當對待的酗酒者，這套十二步驟康復計劃可謂一大啟發。一九五〇年代中期，一般家庭治療運動開始發展，也出現了專為酗酒者親屬設立的戒酒無名會家屬團體（Al-Anon）。然而，酗酒家庭中的孩童仍然沒有受到太多關注，尤其是他們受到影響的內在小孩。

基本上，嚴肅論述酗酒家庭兒童的文章與書籍，一直到一九六〇年代後期才出現。第一本書是瑪格麗特・寇克（Margaret Cork）撰寫的《被遺忘的孩子》（*The Forgotten Children*），出版於一九六九年，從那之後，相關文獻和關注才逐漸增加。

家庭與兒童

在一九七〇年代末和一九八〇年代初期，很快就發展出了瞭解並幫助成癮者親屬的方法。這塊領域發展得十分迅速，至今仍有臨床醫師和教育工作者專門從事這方面的研究。一九八三年，全國酗酒者子女協會（National Association for

Children of Alcoholic）成立，促進了資訊的交流和傳播。一九七七年，第一個酗酒者成年子女的自助團體開始聚會。至今，這些酗酒者成年子女團體仍然活躍，並出版《戒酒大書》。

過去數十年，在成癮、家庭的心理治療方面，內在小孩的概念再次浮現，逐漸臻於成熟。

心理治療

心理治療領域接觸到「內在小孩」的概念，是從發現人類潛意識開始，接著是佛洛伊德的創傷理論。然而，佛洛伊德很快就揚棄這個理論，改而研究在臨床上對於治療童年創傷反而比較無效的理論——趨力（或者說本能）理論，以及伊底帕斯情結。許多佛洛伊德最聰明、最富有創造力的學生和同僚，包括榮格、阿德勒、蘭克和阿薩鳩里，都不同意佛洛伊德的這兩個理論，也因此發展出其他對心理治療領域有重要貢獻的理論，不過「內在小孩」（真我）的概念也慢慢形成。艾瑞克森、克萊恩、荷妮、蘇利文、費爾本、哈特曼、雅克布森和其他人的貢獻，都為倫敦小兒科醫師唐諾・溫尼考特打下基礎，讓他能夠記述對母親、嬰幼兒與兒童的觀察，這些記述包含了真我（亦即內在小孩）的特性。內在小孩在我們的生活中占據重要地位，是我們感覺活著的重要關鍵。

心理分析師愛麗絲・米勒從精神分析心理治療的文獻中蒐集資料，尤其是佛洛伊德和溫尼考特的著作，再加上她對病患的觀察，從一九七九年起，將不當對待、虐待、忽視兒童等情形，與分析心理治療整合起來。然而，在她的三本著作中，只有兩本將父母造成傷害的主要原因連結起來，也就是成癮行為與內在小孩。我這麼說絕沒有責怪的意味，我相信，她跟大多數專業助人工作者一樣，未曾受過完整的訓練，從來沒有將成癮和童年創傷的影響當作主要的思考法則。事實上，我們早期的訓練，反而否定了這兩種臨床上常見的情況。

生理疾病

另一個對療癒內在小孩有所貢獻的，是運用團體心理治療及引導式心像法來輔助癌症病人的治療策略。馬修斯、賽門頓等人發覺，許多癌症患者疏於滿足自己的需求及表達內心感受，因此發展出彌補這些需求的方法。其他醫學領域的人也開始用類似的方法，治療心臟病等有致命危險的疾病。我相信，治療內在小孩的原則和應用技巧，能夠改善所有的疾病，減輕痛苦。

靈性

最後一項把上述各研究連結到內在小孩的領域，就是靈性。成癮領域非常有效地運用靈性來輔助治療，有些心理治療師和醫師已經承認靈性的價值。我在本書的不少段落都提到靈性，在此，我指的並不是宗教組織。我相信，想要徹底治好任何生理或心理疾病，靈性都是極為重要的關鍵，這尤其有利於發現、釋放我們的真我——「內在小孩」。

●●●

然而，「內在小孩」到底是什麼？我們要如何確認，自己看見、感受或察覺到的正是內在小孩？要從各種身體、精神、情緒和心靈的疾病中康復，跟內在小孩有何關聯呢？

第3章

內在小孩是什麼？

無論聽來似乎多麼遙遠、難以捉摸，甚至不可思議，我們每個人都有「內在小孩」，那就是我們內心最活躍、精力充沛、富有創造力、最完滿的部分。這是我們的真我，亦即我們真實的自己。荷妮（Horney）、麥斯特森（Masterson）等人稱之為「真實自我」（real self）；包括溫尼考特和米勒在內的一部分心理治療師，則稱其為「真我」（true self）；有些臨床醫師和教育工作者，稱之為「內心小孩」（the child within）。

由於父母、權威人物和機構團體（例如教育、宗教組織、政治、媒體，甚至是一些心理治療），我們大多數人都學會了扼殺、否認內在小孩。當我們心中這個至關重要的部分未能得到關愛，無法自由地加以表達時，「假我」或「共依存的自我」就會出現。我在表1詳細區辨了這兩種自我。

◆表1　真我與假我的特徵

真我	假我
本真自我	非本真的自我，面具
真我	共依存的自我，假面
真誠	不真誠，「假想」人格
隨性	按照計劃埋頭苦幹
豪爽、熱情	退縮、害怕
樂於付出、與人交流	拒絕給予
接受自己和他人	嫉妒、批判、理想化、完美主義
富有同情心	他人導向、過於順從
無條件地愛	有條件地愛
感受到情緒， 包括適當、衝動、當下的憤怒	否定或隱藏情緒， 包括長期以來的憤怒（憤恨）
堅定自信	有攻擊性／消極
憑直覺	主張理性、合乎邏輯

真我	假我
內在小孩、內心小孩 有保持赤子心的能力	過於成熟的父母／成人心態； 也可能會幼稚
需要玩耍和享受樂趣	避開玩耍和樂趣
易受傷害	總是故作堅強
真正意義上的強大	力量有限
信任別人	猜疑別人
喜歡受人照顧	避免受人照顧
讓步	控制、封閉
放縱自我	自以為是
接受潛意識的存在	阻絕潛意識的東西
記得我們的一體性	忘記我們的一體性； 感覺自己與其他人是分開的
自由成長	經常重複將潛意識（往往是痛苦的模式） 表現出來
私下我	公開我

內在小孩／真我

真我、內在小孩、內心小孩、聖童、高我、最深處的自我、內在核心這些術語，指的都是我們內心的同一個部分：在我們感到最真實、真誠或充滿生機時的自己。

我們的真我很隨性、豪爽、熱情、樂於付出和與人交流，會接受自己和其他人。無論感到喜悅或痛苦，真我都能體察到這些感受，並且表達出來。真我欣然接受自己的感覺，不加以評斷也無所畏懼，容許每種感受存在，將其當成評估生活大事的有效方法。

我們的內在小孩富有表現力、堅定自信、具有創造力，以最崇高、最成熟和最進化的意義而言，可說是「如孩子一般」。內在小孩需要玩耍、享受樂趣，卻容易受到傷害，可能是因為太過坦率、過於信任別人。內在小孩順服於自己、他人，任憑宇宙擺布，但是也具有真正意義上的強大力量。內在小孩合理地放縱自我，樂於接納及受到關注，同時願意接受我們廣闊、神祕、被稱為潛意識的那部分。內在小孩重視我們每天從潛意識接收到的訊息，例如夢、掙扎和疾病等。

因為保持真誠，所以內在小孩能自由成長。儘管假我忘記了，真我卻記得，我們和其他人、和宇宙是一個整體。然而，對大多數的人來說，真我也是私下才會呈現的自我。究竟我們為何選擇不與人分享？也許是害怕受到傷害或遭到拒絕，有人估計，我們向他人表露真我的時間，平均只有每天大約十五分鐘。無論原因為何，我們傾向不讓人知道那個部分的自我。

當我們「發自內心」，或者當我們就是真我時，我們會感到充滿活力。我們也許會感受到傷害、哀傷、內疚或憤怒等不同形式的痛苦，儘管如此，我們依然會感覺充滿活力、滿足、快樂、鼓舞，甚至是狂喜。總體說來，我們往往會感覺身在當下，完整、完善、恰當、真實、無缺、心智健全。

從我們誕生，一直到我們死亡的那瞬間，內在小孩都會存在，貫串我們一生的時時刻刻。我們不必採取任何行動來保持真我，真我是自然存在的。倘若我們純粹任由真我存在，真我自會顯現，無須特別努力。事實上，我們通常是在否定意識、拒絕表達時，才需要花費力氣。

假我

與之相比，我們另一部分的自我往往會感覺很不自在、緊張或不真誠。我稱之為：假我、共依存的自我、非本真的自我、公開我。

我們的假我是一種掩飾，非常壓抑、退縮和害怕。假我是我們以自我為中心而建構的自我與超我，永遠按照計劃埋頭苦幹，總是自私、拒絕給予、善嫉、喜歡批判、理想化、歸咎別人，時常感到羞愧，追求完美。

有別於真我，假我是以他人為導向，集中精力在它認定別人想要它做的事上，過分順從。假我付出的愛是有條件的，還會掩飾、隱藏或否認自己的感覺。

假我也可能捏造感覺，比如當別人問起：「你好嗎？」我們會一貫敷衍地回答：「我很好。」假我害怕被人察覺，所以要這樣迅速回應，這對於防備他人經常是必要的，也很有用。假我不清楚自己的感受，也可能會明明知道，卻指責這些感覺是「錯誤」的、「不好」的。

假我不像真我那樣，擁有適度而堅定的自信，時常是過於有攻擊性或消極。

如果用人際溝通分析的術語來說的話，假我往往會擔任「批判父母」的角色。假我避免玩耍和享受樂趣，故作「堅強」或「強大」，但是假我的力量微乎其微，甚至是不存在；其實，假我通常充滿懼怕、猜疑，而且消極。

假我需要封閉、掌控，因此不會照顧別人，也不願意受人照顧。假我不會讓步，自以為是，試圖阻絕來自潛意識的資訊。雖然如此，假我經常重複將潛意識表現出來（這些往往是痛苦的模式）。假我忘記了大家都屬於一個共同的整體，自認與他人是分隔開來的。假我是我們的公開我，是我們認為他人眼中的自己，最後甚至連我們也認為，自己應該就是這樣。

大多數時候，當我們在扮演假我時，我們會覺得不自在、麻木、空虛，或者處在不自然或退縮的狀態。我們不覺得真實、完整無缺、心智健全，在某種程度上，我們會察覺到有什麼不對勁，彷彿欠缺了什麼。

矛盾的是，我們時常覺得，這個假我就是我們的自然狀態，是我們「應該有」的模樣。這可能是因為我們沉溺於這個狀態，或是依戀這種狀態。我們逐漸習於扮演假我，使得真我感到內疚，彷彿出了什麼錯一樣，我們不該覺得真實和充滿活力，一想到要改變這個問題，就令人恐懼。

這個假我或共依存的自我，似乎是人類的普遍現象，曾在各種出版品和日常生活中出現無數次，擁有許多不同的名稱，比方說生存工具、以自己為中心的自我、受損或防衛的自我。假我可能會傷害自己、別人，以及親密關係。這是一把雙面刃，除了傷害，也能產生一些用處，不過到底多有用？又在什麼情況下有用？下面這首由查爾斯・費恩所寫的詩，描寫了我們與假我的許多掙扎。

請聆聽我的言外之意

千萬別受我矇騙。
千萬別遭我這張臉欺騙。
因為我戴著面具，成百上千的面具，
我沒有勇氣摘下的面具，
沒有一張是真正的我。
偽裝是門藝術，是我的第二天性，
但是別受騙了。
千萬不要上當。
我給人的印象是無憂無慮，
從內到外都是活潑開朗、泰然自若，
自信是我的名字，冷靜是我的風格，

我的心若止水，一切盡在我的掌握之中，
不需要任何人。
可是別相信我。
我的外表也許看來平靜，但那只是面具，
時刻在變化，總是在掩藏。
謊言之下毫無自滿。
謊言之下只有困惑、恐懼和孤單。
但是我全隱藏起來，不欲人知曉。

一想到暴露出自己的弱點和恐懼，我就驚慌不已。
所以我才瘋狂似地製造掩藏自己的面具，
一張若無其事、老於世故的表相，
幫助我偽裝，

為我遮擋洞察一切的目光。
但這種目光正是我的救星。我心知那是我唯一的希望。
前提是，跟隨在目光後面的是接納，
隨之而來的是愛。
唯有這樣，才能把我從自己的桎梏中解放出來，
逃離我親手修築的獄牆，
翻越我費盡苦心豎起的屏障。
唯有如此，才能讓我確信自己真有價值，
否則我根本無法肯定。
但是我不會告訴你這些。我不敢。我害怕。
我怕隨著你的目光而來的不是接納，不是愛。
我怕你會輕視我，嘲笑我，
你的嘲笑會令我痛不欲生。

我害怕歸根究柢我一無是處，我根本毫無價值，
而你會看穿這點，拋棄我。

因此我玩起遊戲，不顧一切的偽裝遊戲，
表面上自信滿滿，
內心卻是個顫抖的孩子。
於是我展開絢爛卻空洞的假面遊行，
我的生活成為假象。
我用膚淺的溫和語調與你無意義地閒聊。
我告訴你一切其實無關緊要的事，
重要的卻一概不說，
對於內心的哭泣隻字不提。
所以在我過著例行公事般的生活時，

別輕信我口頭說的話。
請仔細聆聽，試著聽出我的言外之意，
那些我希望自己能夠吐露，
為了生存我需要述說，
卻說不出口的話語。

我不喜歡隱藏。
我不喜歡玩膚淺欺瞞的遊戲。
我想停止這種遊戲。
我想變得真誠、隨性，表露本色，
可是，你必須幫我。
你必須伸出援手，
即使我看似完全不需要。

唯有你，能抹去我如行屍走肉般的茫然眼神。
唯有你能喚醒我，讓我恢復生氣。
每當你親切、溫柔地對待我，鼓勵我，
每當你因真心在乎而試著理解我，
我的心就開始展翅，
儘管是非常微小，非常薄弱的羽翼，
卻依然能夠飛翔！
接觸你的力量讓我湧出感覺，
你能為我注入活力。
我希望你明白這點。
我希望你知道你對我而言多麼重要，
你可以成為創造者——貨真價實的創造者。
倘若你選擇這麼做，

就能創造出我這個人。
唯有你能拆除我躲在後面顫抖的高牆，
唯有你能摘掉我的面具，
唯有你能解救我離開這恐慌未知的影子世界，
把我從寂寞的監獄釋放出來，
假如你選擇這麼做。
請你如此選擇。別不理睬我。
儘管這對你而言並不容易。

長期深信自己毫無價值，讓我築起堅固的高牆。
你越靠近我，
我越盲目地反擊。
這麼做毫無道理，但不管書上所寫的人性是如何，我時常失去理性。
明明迫切需要，我卻奮力推拒。
可是我聽說，愛比堅固的高牆更強韌，
我的希望就寄託於此。
請努力用堅定的雙手打破高牆，
但是請用溫柔的雙手，
對待這個非常敏感的孩子。

你或許好奇，我是誰？
我是你非常熟悉的某人。
因為我是你遇見的每個男人，
也是你遇到的每個女人。

第4章

扼殺內在小孩

我們的父母、權威人物和機構團體（例如教育、宗教組織、政治、媒體，甚至是一些專業助人團體），是如何扼殺或否認我們的內在小孩呢？我們如何辨別自己是否受到影響？究竟是什麼因素或情況，促使父母和其他人扼殺我們的真我呢？

人性需求

在理想的情況下，有些人性的需求必須獲得滿足，我們的內在小孩才能成長發育。我參考馬斯洛、威爾、米勒和葛拉瑟等人的研究，編製了一份清單，列出二十個「人性需求」（見表2），幾乎所有的需求，都跟我們與自己、與他人的關係息息相關。

為了充分發揮自己的潛力，我們顯然需要滿足其中大多數的需求。如果在這些需求缺乏滿足的環境中長大，我們自然不會意識到自己的需求從未得到滿足，即使我們時常感到困惑，長期不快樂。

◈表2　人性需求的層級表

部分參考馬斯洛（Maslow, 1962）、米勒（Miller, 1981）、威爾（Weil, 1973）、葛拉瑟（Glasser, 1985）的資料編輯而成。

1	2	3	4	5	6
生存	安全	碰觸、肌膚接觸	關注	鏡射與反應	指引

7	8	9	10	11	12	13
傾聽	做真實的自己	參與	接納 其他人察覺到，並認真對待、欣賞真實的你 可以自由做真實的你 容忍你的感受 認可 尊重 歸屬感與愛	哀悼失落與成長的機會	支持	忠誠和信賴

14	15	16	17	18	19	20
成就 掌控、「權力」、「控制」 創造力 有完滿的感覺 貢獻	改變意識狀態，超越一般	性	享受或樂趣	自由	照顧	無條件的愛（包括與更高力量的連結）

生存、安全與保障

新生兒需要非常多關注，必須有人就近在身邊，提供足以讓嬰幼兒生存下去的必需品，最低限度要包括嬰幼兒的安全與保障。

碰觸

由史必茲、蒙塔格、皮斯等人的研究中，我們明白碰觸是重要的人性需求。沒有人碰觸的幼兒，即使有充足的食物、營養和保護，也無法成長茁壯。適當的皮膚接觸，就是效果最強的碰觸。在一項實驗中，餵兔子食用會導致動脈硬化的飲食，結果發現，被實驗室人員抱著和撫摸的兔子較不容易產生動脈硬化，沒有人擁抱、撫摸的兔子則較容易產生動脈硬化。

想要感覺與人擁有聯繫、受到關愛，我們就需要擁抱和碰觸。維琴尼亞‧薩提爾（Virginia Satir）提出，為了維護健康，我們一天需要擁抱四到十二次。

關注

一個人必須有人關心，也就是獲得關注。母親或其他扮演家長角色的人必須照料孩子，至少得滿足他們對安全、保障、碰觸的需求。

鏡射與反應

接下來的需求，證實嬰兒、兒童和成年人都是有感覺、有思想的存在。鏡射與反應是指母親不用言語，只用臉部表情、姿勢、聲音和其他動作來做出反應，讓孩子明白母親了解他。

這時候，我們能夠了解，假如擔任父母角色的人無法提供這幾項需求，孩童的身體、精神、情緒、心靈的成長就可能會受到阻礙。一個原因也許是父母本身過於貧乏，所以是利用孩子來滿足自己過去未滿足的需求。嬰幼兒的潛能非常令人驚奇，他們能察覺到父母有所欠缺，找出他們確切的需求，替他們加以滿足。當然，這得付出重大的代價，會否認、扼殺、阻礙嬰幼兒的內在小孩發展。隨著孩子長大成人，這個代價將會逐步增加，導致身體、精神、情緒、心靈的痛苦與折磨。

指引

指引也是幫助嬰孩及兒童發育、成長的一環，包括運用語言或非語言的建議、協助，以及其他任何形式的幫助，此外也包含示範、教導適當而健全的社交技能。

傾聽、參與和接納

知道有人聆聽我們說的話，就算對方有時並不了解，對我們也是很有幫助的。傾聽的形式或種類越來越豐富，都與需求層級表中的第九項到第二十項密切相關，包括：和孩子一起參與合適的活動、接納孩子或成年子女的自我（也就是內在小孩）；扮演父母角色的人或其他人意識到孩子的真我，並認真對待、欣賞對方；尊重、認可、容忍別人的真我，證明自己接納別人的真我。這些行為，都能讓內在小孩自由扮演本真的自我，並且成長。

到這裡，可能有讀者已經看出自己有些需求至今尚未受到滿足。不過，這份人性需求層級表才討論到一半而已。

哀悼失落與成長的機會

每次我們經歷失落，無論是真實的或是可能發生的，我們都需要哀悼，才能克服伴隨失落而來的痛苦和折磨。這麼做需要時間，當我們圓滿地哀悼完自己的失落，我們就成長了。這段哀悼和成長的過程，正是本書的主要內容。

支持

支持，意味著朋友或照顧者不會阻擋真我去追尋、接收訊息和創造，願意盡一切可能，確保真我發揮潛力。支持也包括積極地盡一切努力，幫助真我充分發揮潛力。

忠誠和信賴

支持，需要給予者和接受者彼此互相忠誠和信賴。如果長期背叛另一個人的真我，必定會對雙方的關係造成嚴重的傷害。為了成長，內在小孩必須感覺受到信賴，也能夠信任別人。

成就

基本上，達成或完成一件事情意味著賦權，授予「力量」、「支配的權力」或掌控的潛力，並且相信對方能完成任務。在更高層次上，這代表的不僅是完成任務，還要清楚知道任務已圓滿達成。最高層次的成就，是覺得自己有所貢獻，為任務賦予意義。

有些成長於問題家庭或不健全家庭的人，會覺得難以完成任務、計劃，或是難以做決定。這是因為，他們在練習做這些事情時，缺乏重要他人在旁加以指引和支持。與之相反，有些成長於不健全家庭的人也許在某些領域獲得很高的成就（例如教育或工作），在其他方面（比如親密關係）卻屢次遭到挫敗。

改變意識、享受樂趣

將改變一個人的意識狀態分類到人性需求，是有一些爭議。這是因為在民俗傳說中，改變意識需要使用酒精或其他藥物。事實上，我們似乎生來就會定期改變自己的意識狀態，甚至可以說這是出於我們生理上的需要，方法可以是空想、大笑、運動、全神貫注於一項計劃，或是睡覺。與此密切相關的是另一個需求（也是一種狀態上的改變）：享受或得到樂趣。許多成長於問題家庭的孩子很難放鬆下來，好好享樂；有能力率性玩耍，是內在小孩的需求和特色。

性

大家討論人性需求時，很少提到性需要。我說的性，不光只是性行為而已，而是指一系列的潛能，比如對於自己身為男人或女人感到滿意、享受性各方面的樂趣、發覺女人心靈中也有男人的一面（女性的陽剛面），或是男人心靈中也有女人的一面（男性的陰柔面）。

許多在問題家庭中成長的人，可能在性認同、功能或享受歡愉這方面會遇到困難，也有些人可能遭遇過明顯或隱祕的性虐待。

自由

擁有冒險、探索、隨性去做必要之事的自由，是另一種人性需求。伴隨這種自由而來的是責任，舉例來說，依循本性而為可能是健康的，但衝動之舉也可能與我們的最大利益相抵觸。

照顧

最高層級的人性需求之中，倒數第二項是照顧；將上述任一種或所有的需求提供給某個人，在任何情況中都是很恰當的。但是，提供照顧的人必須有能力照顧他人，而有需求的人必須能夠放手、讓步，藉此得到照顧。我在觀察病患及家屬時，發現這樣相互配合的行為，在人際互動中其實並不常見。

照顧父母不是孩童的職責，如果這種情況反覆發生，就是一種不易察覺的虐待或忽視。

無條件的愛

最後一種需求是無條件的愛，很多人難以理解這個概念，我將在後面的章節進一步討論這項需求。

未獲滿足的父母

很少人能夠找到一個對象（例如扮演父母角色的人，或是一位親密的朋友），會真的有能力滿足我們所有的需求，更難找到一個願意供給這些需求的人。事實上，有些人懷孕生子，是為了滿足母親的需求。因此，在治療時，我們會哀悼自己在孩童或成人時期，需求沒有獲得滿足。為相反的情況哀悼也有幫助，亦即獲得我們不想要或不需要的東西，像是兒童虐待或傷害。

許多父母或其他扮演家長角色的人，在精神和情緒的方面都有所匱乏，原因很可能是他們在幼兒或成人時期，需求未能獲得滿足，所以往往會用不健康、不適當的方法，來利用他人滿足自己的需求。他們會在無意之中，利用每一個身邊的人、每一個與他們關係密切或親近的人，包括孩童。為了生存，無法發展出強大真我的孩子就會發展出過大的假我或共依存的自我。

父母利用脆弱、無助的新生兒，來滿足自己個人的需求，這種事情乍聽之下也許難以置信，但是這種情況在許多問題家庭中反覆上演。

第5章

扼殺內在小孩的關鍵：羞愧與自卑

內在小孩受到扼殺，羞愧與自卑扮演了重要的角色。羞愧既是種感受，也是發生於真我或內在小孩的經驗。

羞愧也是發生在我們身上的一種動態或過程，尤其是在我們沒有注意到的時候，不過，當我們察覺自身羞愧的各種方面時，有時也會再次產生羞愧。

如果一個家庭出了問題或是有不健全的狀況，這些狀況幾乎總是和家中每個成員的羞愧和自卑有關，唯一不同之處只有每個家庭成員如何表現自身的羞愧，因為我們每個人都會用不同的方式來適應羞愧。最重要的相似之處，是幾乎每個人都以假我行動。因此我們可以說，有問題或是不健全的家庭，是以羞愧為本。

內疚

大家時常把羞愧（shame）和內疚（guilt）混為一談。雖然這兩種情緒我們都會感受到，兩者之間卻是有差異的。

內疚是種不安或不快的感覺，起因是做了違背或破壞個人準則、價值觀的事，或者傷害到別人，甚至是違反協議或法律。因此，內疚和行為有關，是我們為了自己所做或沒做的事感到慚愧。

如同大多數感覺，內疚可以是種有益的情緒，能夠在我們和自己、和他人的關係中引導我們。內疚告訴我們，自己的良心在發揮作用。如果一個人違反道德或行為準則，卻不曾感受到內疚或懊悔，反倒會在生活中遇到困難，而且通常具有反社會型人格障礙。

有用而有益的內疚，我們稱之為「健康的」內疚。我們利用這種內疚，在社會上生存、解決衝突或困難、改正錯誤或改善關係。如果某種內疚不利於我們內心的寧靜，影響到內心的正常運作（包含精神、情緒和心靈的成長），我們稱之為「不健康的」內疚。在不健全的家庭或環境中長大的人，內心時常混雜著健康和不健康的內疚。不健康的內疚，往往是我們無法操控或克服的，會一直存在，有時還會逐漸演變為心理和情緒方面的失能，使我們對家庭的「責任」，勝過我們對真我的責任。另外，可能還有「倖存者內疚」，指的是當自己離開了有問題的環境、把其他人遺棄在其中，或是在其他人失敗後存活下來，會使我們自覺內疚和低劣。

察覺到內疚的存在，然後設法克服，可以大大減輕內疚感。意思是，在我們體驗到內疚後，要與信任、合適的人選加以討論。最簡單的解決方法是，向我們可能傷害或欺騙的人道歉，請求對方的寬恕；較複雜的解決方式，則是在團體或個別治療中更深入探討內疚。

通常，內疚會比羞愧更容易察覺、解決。

羞愧

羞愧，是我們認清自己有缺陷，發現自己有些地方不夠好、不完美、差勁、虛偽、失敗，這時我們會感到不自在或難受。如果與內疚相互對照，內疚是我們因為做錯事而感到慚愧，羞愧則是我們覺得自己哪裡不好而產生的感覺；因此，內疚似乎是可以改正或可以原諒的，羞愧卻看似無法擺脫。

當我們的內在小孩或真我感到羞愧時，能夠以正常的態度，向可靠、願意支持我們的人陳述。相反地，假我會假裝沒有羞愧這回事，絕對不向任何人透露。

羞愧之心，人皆有之。假如我們不設法克服羞愧，試著放手，往往會使羞愧累積，讓我們的負擔越來越重，直到我們成為羞愧的受害者。

除了自覺有缺陷或不夠好之外，羞愧會讓我們相信別人能看透我們，看清我們的缺陷。羞愧令人感到無望，彷彿不論我們怎麼做，都無法改正。我們因為羞愧而感到孤立、寂寞，像是唯獨自己才有這種令人難受的感覺。

不僅如此，我們或許會說：「我不敢把自己的羞愧之處告訴你，因為一旦我說了，你會覺得我這個人很糟，我受不了聽人家說我多麼糟糕。」所以，我們不僅不讓別人知道，也經常設法忘記羞愧，或假裝羞愧並不存在。

我們甚至可能把羞愧偽裝成其他感覺或反應，投射到別人身上。我們或許會用來掩飾羞愧，或是與羞愧結合的感覺和反應包括：

憤怒	輕視	忽視或封閉
憤恨	攻擊	遺棄
暴怒	控制	失望
責怪	完美主義	強迫行為

感覺或表現出上述任何一種偽裝，可以幫助我們達成假我的目的——抵抗羞愧感。然而，即使我們能夠完全抵禦羞愧感，別人仍然可能看穿我們，比方說在我們垂下頭、頹然坐下、避免與人目光接觸、為了自己有需求和權利而道歉的時

候。我們甚至說不定會覺得有點厭惡、冷淡、孤僻和疏離，但是，無論我們多麼徹底抵禦自己的羞愧感，不讓其他人識破，羞愧感卻永遠不會消失——除非我了解羞愧、體驗羞愧，並且和可靠、願意支持的人分享。

以下是羞愧可能採取偽裝的例子。在某次團體治療中，一位三十五歲的會計師吉姆開始敘述他與父親的關係。他父親住在另一州，「每次我們通電話，他總是想批評我，我不知該如何是好，只想掛電話。」小組成員詢問他現在有什麼感覺，但他有點難以察覺、辨別自己的感受，還迴避其他成員的目光。「我只是不知道該怎麼做。我在他身邊總是想表現得很完美，可是我永遠無法讓他滿意。」小組成員再次問他現在有什麼感覺。「我覺得有些害怕，有些受傷，我想我是有點生氣。」身為這個團體的領導者，我問他是否感到羞愧，好像他不知怎麼的就是不夠好。他說：「不會。你為什麼會那麼想？」我指出，他強烈追求完美、迴避目光接觸，以及他與他父親的關係，讓我認為他感到羞愧。這時，他的眼中泛起淚光，說他得好好想想。

羞愧從何而來？

我們的羞愧，似乎源於我們如何看待成長期間聽見的負面訊息、主張、看法和規定。這些訊息來自父母和其他擁有權威的人，例如老師。這樣的訊息基本上是在告訴我們，不知為何，我們就是不行，就是不令人滿意，我們的感覺、需求和內在小孩是不容接受的。

一而再、再而三，我們聽到像是「你真丟臉」、「你真是糟透了」、「你不夠好」之類的訊息。我們時常聽到這些話，從我們非常仰賴、非常容易影響我們的人口中說出，所以我們相信了這些話，將其吸收並內化到生命裡。

就好像這樣還不夠似的，一些負面規定禁止我們表達痛苦，但表達痛苦原本是正常、有療癒作用也必要的，禁止表達會使傷害更加嚴重（見表6），類似的規定包括「不要去感受」、「不要哭」、「大人說話小孩別插嘴」等等。因此，我們不僅學到自己不好，也不受允許公開談論這件事。

可是，這些負面規定在執行時的準則經常不一致，結果造成我們很難信任制定規則的人，於是感到懼怕、內疚、更加羞愧。那麼，我們的父母是從哪裡學來這些負面的訊息和規定呢？最有可能的源頭，是他們的父母和其他權威人物，這就是童年創傷一代傳一代的例子（這也算是一種情緒虐待）。

◈表3　在問題家庭中經常聽到的負面規定和負面訊息

負面規定	負面訊息
・不要表達自己的感受	・你真丟臉
・不要發脾氣	・你還不夠好
・不要不高興	・真希望我沒生下你
・不要哭	・我不同意你的需求

負面規定	負面訊息
・照我說的去做，別學我怎麼做	・快點長大吧
・聽話、「體貼」、不要出差錯	・聽人家的
・避免衝突	・當個男子漢
・不要思考或多說話，只要遵照指示	・都這麼大了，不要哭
・不管怎樣，在學校都要表現良好	・舉止要像個乖女孩（或淑女）
・不要發問	・不要那樣
・不要背叛家人	・你真笨（或糟糕）
・不要和外人談論家裡的事；保守家庭祕密	・都是你造成的
・別多嘴！	・你對我們有責任
	・我們當然愛你！
	・我是在為你犧牲自己

負面規定

- 不許頂嘴
- 不要頂撞我
- 永遠保持良好形象
- 我永遠是對的，你永遠是錯的
- 永遠在掌控之中
- 注意問題人物的行為
- 酗酒或其他問題行為不是造成我們問題的原因
- 永遠維持現狀
- 這個家庭不健全，肯定是家裡每個人合力造成的

負面訊息

- 你怎麼能那樣對我
- 如果你……我們就不愛你了
- 你快把我搞瘋了！
- 你一輩子都不會有成就
- 那又沒有壞處
- 你真是自私
- 總有一天你會毀了我
- 那不是真的
- 你真讓我噁心！
- 我保證（但是會違背承諾）
- 我們想要的是男孩／女孩

以羞愧為本的家庭

在一個不健全家庭中，當每個人都以羞愧為出發點，基於羞愧與他人交流，就可以說是以羞愧為本。

這種家庭裡，父母親自己在孩童時期的需求沒有獲得滿足，通常到了成年之後，也持續同樣的狀況，所以他們經常利用自己的孩子，來滿足自己許多未被滿足的需求。

以羞愧為本的家庭經常（雖然並非一定會）保有祕密。這個祕密可能涵蓋了各種「令人羞愧」的狀況，諸如家庭暴力、性虐待、酒癮等等；也可能是非常隱微的祕密，比如失業、失去升遷機會或失去關係。保守這樣的祕密，會削弱家中所有成員的能力，不論他們是否知道這個祕密。這是因為，隱瞞祕密會阻礙家庭成員提出問題、表達關心和恐懼、憤怒、羞愧和內疚等感受，使家人之間無法坦率地溝通，每個家庭成員的內在小孩持續遭到扼殺，無法成長發展。

界線

矛盾的是，即使家人之間溝通不良，家庭成員的情感卻會因為否認祕密、忠誠地保守祕密，而緊密地聯繫在一起。當一位或多位成員出現某種程度的功能失調，其他成員就會擔負起他們的角色，每個人都學著想方設法管其他人的事，結果所有家庭成員相互糾纏、過度融合、侵犯甚至超越彼此的界線和個人空間。

如果是健全的人，界線理應如下：

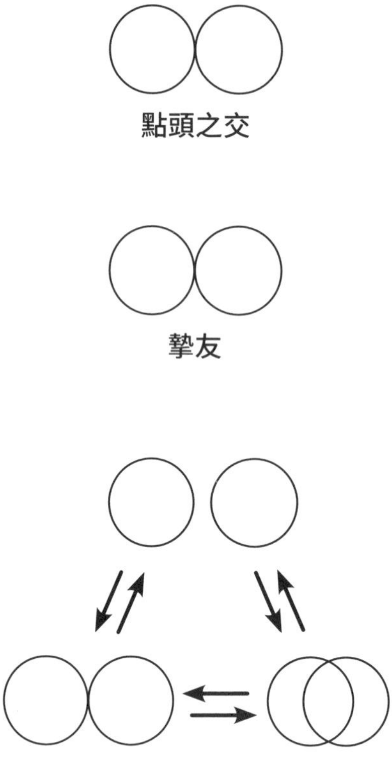

健康的關係坦率、靈活，容許彼此滿足並實現一部分需求和權利，支持每個人的精神、情緒、心靈自由成長。健康的關係即使親近而密切，緊密度卻足夠靈活，尊重每個成員的需求，容許每個個體成長。

與之對照，糾纏或融合的關係會是這樣：

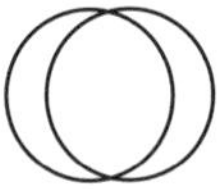

有問題或是不健全的家庭則是如此：

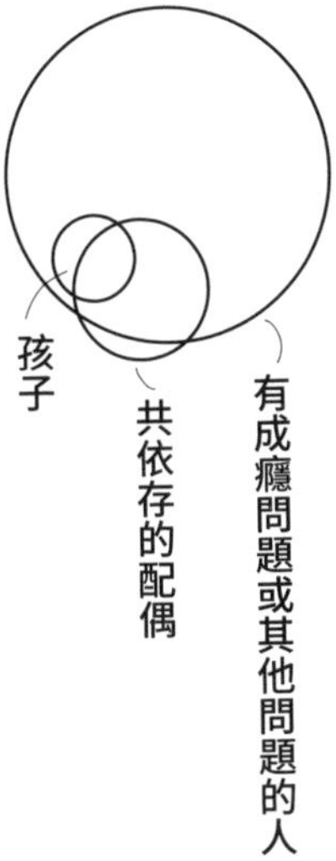

這些糾纏或融合的關係，通常不健康、封閉、僵硬，往往阻撓彼此的需求與權利獲得滿足和實現。他們一般不會支持對方的精神、情緒和心靈成長，不太容許（或是完全不容許）彼此的密切程度和距離有所改變。

為了在這種糾纏的關係中存活，我們往往會採用幾種防禦手段，例如否認（家庭祕密、自己的感受和痛苦），以及把痛苦投射到其他人身上（攻擊、責怪和拒絕）。然而，一旦我們離開這種以羞愧為本的關係，即使我們倖存下來，這種以羞愧為本的態度，以及共依存的懼怕、內疚、否認、攻擊，對我們來說卻行不通。當我們離開不健康的關係，說不定會使用同一套方法和防禦手段與人相處，但是在健康的關係中，那些方法和防禦手段卻常常效果不彰。

以羞愧為本的人，幾乎總是莫名其妙地與他人形成糾結型的關係。當我們處在以羞愧為本的不健全關係中，可能會覺得好像失去理智，快要發瘋；當我們試圖檢驗現實，又總是無法信任自己的理智、感受和反應。

強迫行為與強迫性重複

我們抱著以羞愧為本和共依存的態度過生活，過度將精神投注在別人身上，自然而然會覺得好像缺少了什麼，覺得自己不知怎麼地有所缺陷。我們不快樂、緊張、空虛、苦惱，覺得情緒低落、感到麻木。可是，做真實的自己又好像會威脅到我們。我們嘗試真誠對待別人，卻經常因此遭到拒絕或懲罰，所以，如果要再次做真實的自己、表達自己的感受、試著讓自己的需求得到滿足，似乎太可怕了。再者，我們也不習慣這麼做。因此，我們保護自己，不願認清自己真正的需求和感受（圖1）。

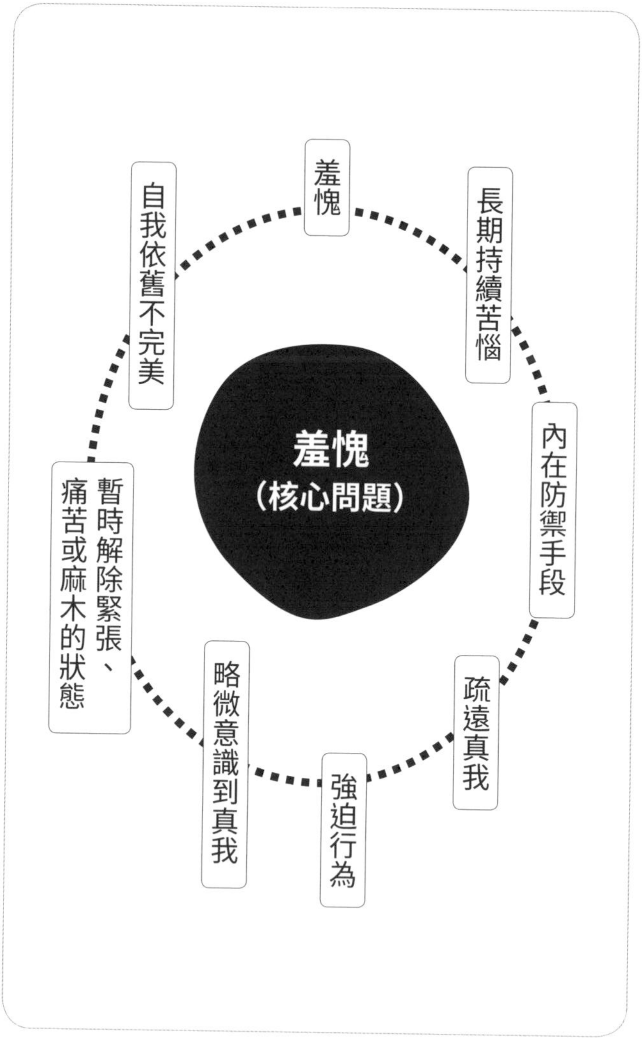

◈圖1 羞愧與強迫行為的循環

經許可改編自費雪（Fischer, 1985）。

不過，被疏遠、隱藏起來的真我，天生有種想要表達自己的渴望和力量。私下裡，我們希望感受到真我的活力和創造力；可是，我們已經抑制了那麼久，陷入進退兩難的困境中，唯一的解決方法是，透過從前對我們有用的特定負面強迫行為來發洩，雖然就算這麼做，我們也只能稍微看見一點真我。這種強迫行為的範圍很廣，從重度酗酒或藥物成癮，到短暫、強烈的感情關係，再到試圖控制另一個人，也可能會是強迫性進食、性愛成癮、過度工作、過度花費，甚至是過度參加自助團體聚會。

這種強迫行為往往會有負面作用，例如自毀或毀滅他人，也可能會讓自己和他人陷入危機。雖然我們多少能控制這種行為（我們有一定程度的意志力，能夠克制自己，甚至可以預先計劃），但是這種行為經常在一時衝動下發生，猶如反射動作。

我們做出強迫行為時，通常能夠暫時解除緊張、痛苦和麻木的狀態，再度感到些許活力，儘管只是暫時的。然而，過了一段時間，我們卻會再度自覺羞愧、不完美。

這類行為也稱做強迫性重複（repetition compulsion），可能是源於我們潛意識中尚未解決的內在衝突，所謂的潛意識，就是我們自己很少覺察到的內心角落。

解決之道

從成千上萬名個案的康復經驗中，我們歸納出一套有效的方法，能夠讓我們擺脫羞愧的限制與束縛。這個方法就是，向可靠、願意支持自己的人，述說我們受創、痛苦的經歷。

我們要表露、分享自己的內在小孩，也就是真我，這包括我們所有的弱點以及優點。我們無法獨自治癒羞愧，需要其他人的幫助，才有可能痊癒。當他們認可了我們的困境和痛苦，也就接受了真實的我們；當我們傾聽他人講述自身的故事，分擔他們的羞愧，就是在幫助他們療癒羞愧。這麼做，同時也能幫助我們自己，藉由這樣的分享和聆聽，我們就能開始實踐同情、以及無條件的愛。

像這樣的分享與敘述，我們每天都會無數次聽見、看見，這有可能發生在自助團體、團體治療、個別治療，也可能發生在親密的家人朋友之間。

治癒的障礙

開始療癒羞愧時，也許會遭遇內心的障礙，阻止我們繼續治療自我。這些障礙包括：

1. 我們對自己抱持的負面看法；
2. 在別人（也可能在我們自己身上），看見記憶中令我們感到羞愧的表情或其他影像；

3. 我們生命中被羞愧給遮蔽或束縛的重要領域，這些領域可能包括：

①我們的感受；

②健康的欲望（例如性欲、攻擊、飢餓、對親密的需求）；

③我們的需求；

④我們的想法（特別是任何「不好的」想法）。

退化作用

任何時候，當我們覺得受到權威人物的傷害（比如父母），我們可能會生氣，但怒氣很快就會轉變為羞愧，或是被羞愧的感覺所掩蓋。同時，我們也許會感到恐懼、不知所措。這麼多感覺，可能會令我們感到難以承受，彷彿隨時都會失控，所以我們迅速壓制一切感覺，變得麻木無感。在隨後的幾分鐘之內，我們或許會出現不同程度的失功能現象（dysfuncion）。整個過程說不定只有幾秒鐘，但我們會覺得自己彷彿又恢復成年幼無助的孩子，這個情況稱為退化作用或逆退機轉。

湯姆是名四十五歲的律師，有兩個孩子，他曾在團體治療中描述他發生退化作用的經歷。

我花了四十五年，才真正了解每次爸爸奚落我時發生了什麼。上個月，我去探望他和媽媽，抵達之後不到五分鐘，爸爸就拿我當律師的事情開玩笑。他說：『呦，狡猾的律師來了。』說完，他看著我、媽媽和兄弟姊妹，看我們會不會和他一起大笑。在團體治療的幫助下，我終於了解自己當時的反應。那時，我忽然覺得不知所措、無助、生氣，彷彿自己又回到了五歲。我垂下頭，心中變得很麻木。

在我的成長期間，我經歷過幾百次這種可怕的感覺，一直到現在，只要他這麼做，我仍然會產生相同的感覺，如果換成其他人譏笑我或批評我，我也會有一樣的反應。我發覺，每次他想要處理家裡的衝突或緊張狀態，他經常會這樣奚落別人，他想要取笑所有跟他起衝突的人。他另一個常用的手段是離開對方，就是拋棄他們，這樣一來，就永遠不需要處理彼此的衝突了。

我正在練習，要應付他或是像他那樣的人時，每當我察覺到自己回到童年的狀態，就深呼吸、四處走走，試著恢復理智。現在，只要我父親又做一樣的事情，我就會設下界限。我會告訴他：『我不喜歡你拿我的職業開玩笑，你再這麼做，我就不來看你了！』

如何面對退化作用

當我們漸漸察覺到自己會發生退化作用，就能著手掙脫羞愧的束縛，並且擺脫退化行為。這種情況發生時，我們要先加以辨識出來；辨識出來以後，**緩慢地深呼吸幾口氣**，解除不知所措、麻木、失功能的狀態，讓我們更能掌握當下的狀況，更能控制自己，不再動彈不得、不知所措，恢復真我。接著，我們要繼續發揮真我的作用，**站起來，四處走動，觀察周遭的現實**。假如身邊有可靠、願意給予支持的人，我們可以**開始談談自己的感受**。此外，我們可以離開對自己做出不當行為的人；即使不離開，我們也可以**抓住房子或車子的鑰匙**，從中汲取力量，因為那是我們有能力脫離的象徵。

另一方面，退化作用也可能是對我們有益的。這種狀態，能立即讓我們知道**自己正受到不當的對待**。當我們察覺自己正受到不當對待，就能找到方法，採取行動，改善情況，避免再度遭受不當對待。

我們會知道，這一切都有解決之道。由此，我們就能開始療癒內在小孩。

第6章

壓力的影響：創傷後壓力症候群

創傷後壓力症候群（PTSD）可能對人造成重大的影響，不只是扼殺和阻礙一個人的內在小孩，當事人本身也時常因為反覆的壓力、極度的創傷，結果嚴重生病。創傷後壓力症候群和共依存症會相互影響，程度相當大，導致兩種疾病經常彼此糾纏不清。克里斯伯格（Kritsberg）曾將酗酒者的子女身上出現的現象，稱為「慢性衝擊」（chronic shock），這種問題也可視為創傷後壓力症候群。

創傷後壓力症候群會表現出一系列症狀，最初是恐懼或焦慮，接著憂鬱、容易煩躁，再來是衝動、爆發的行為，最後是麻木無感。要判定一個人是否有創傷後壓力症候群，《精神疾病診斷準則手冊》建議可以根據以下四種情況。

可辨認的壓力源

首先，生活中是否存在可辨認的壓力源？這個壓力源有可能是短暫發生，也可能持續不斷地存在。《精神疾病診斷準則手冊》舉出一些壓力源的例子，在此列於表4。

從這份簡單的列表中，我們可以看出，在容易扼殺真我的家庭和環境中，壓力源是十分常見的。不過，會發生創傷後壓力症候群的話，壓力源的類型肯定是超越了一個人平常的經驗。這種壓力源的例子，可能是毆打、強暴、其他種性虐待、嚴重的身體傷害、拷打、洪水、地震、戰爭等等。我和其他學者都相信，成長或居住於情況嚴重的不健全家庭，經常和創傷後壓力症候群密切相關。據說，如果發生以下情況，創傷後壓力症候群會更具破壞力，也更難醫治：

1. 創傷事件持續很長一段時間，比如超過六個月；
2. 創傷是由人為造成的；
3. 受害者周遭的人否認壓力源或壓力的存在。

在問題持續惡化的不健全家庭中，都存在這三種情況。

◆表4　心理壓力源的嚴重程度等級表

出自《精神疾病診斷準則手冊第三版》。

	程度	成人的例子	兒童／青少年的例子
1	無	無明顯的心理壓力源	無明顯的心理壓力源
2	極少	輕微違法、小額銀行貸款	與家人度假
3	輕度	與鄰居爭吵、改變工作時間	更換學校老師、新學年
4	中度	新工作、摯友死亡、懷孕	父母長期爭吵、轉學、至親生病、弟妹誕生
5	重度	自己或家人重病、重大財務損失、分居、孩子出世	同儕死亡、父母離異、逮捕、住院、父母持續而嚴厲的管教
6	極度	至親死亡、離婚	父母或手足死亡、反覆的身體／性虐待
7	災難	毀滅性的自然災害	多位家人逝世

再次體驗創傷

第二種情況是再次體驗創傷，有可能是經歷創傷的回憶反覆侵入腦海、反覆做惡夢等等。再次體驗創傷的症狀，通常有心跳加速、恐慌、冒汗等。

心理麻木

真我的一項重要特徵，是能夠感受並表達情感；假我則否認、掩蓋真正的情感。更進一步的狀況，稱為心理麻木（psychic numbing），這是創傷後壓力症候群的特徵。可能表現出的症狀包括壓抑、缺乏感覺，抑制或缺少情感表達，時常造成疏離感、封閉、孤獨或疏遠。另一種表現形式，可能減少了對重要活動的興趣。

塞馬克（Cermak）在描述心理麻木時寫道：「在壓力極大的時刻，士兵經常被上級要求採取行動，不管他們心裡有什麼感受。他們能否生存，取決於暫時停止感受的能力，以便採取措施，保障自身安全。很不幸地，這也造成他們的自我和感受『分裂』，這個現象不容易痊癒，很難隨著時光流逝而消退。除非進行積極的治療，當事人的情感會持續受到壓抑，辨識感覺的能力減弱，一直覺得自己與周遭事物隔絕，也就是所謂的人格解體（de-personalization）。以上這些加總起來，就是『心理麻木』。」

其他症狀

創傷後壓力症候群的另一種症狀，可能是過度警戒或過度警覺。這指的是當一個人持續深受壓力影響，心懷恐懼，所以時時刻刻都在提防任何類似的壓力源或危險，密切注意避開的方法。另一種症狀是倖存者內疚，也就是在其他人繼續受創的時候，自己卻逃離或避開某些創傷，因而感到內疚。倖存者內疚會導致當事人覺得自己背叛或遺棄其他人，最後時常造成慢性憂鬱症。除此之外，我相信還有其他幾種因素也會導致慢性憂鬱症，當中最主要的就是內在小孩遭到扼殺。

還有一種症狀，是避開與創傷有關的活動。最後一種症狀是多重人格，這項並未列在《精神疾病診斷準則手冊》的第三和第四版中。產生多重人格的人，經常來自問題嚴重、壓力巨大或極度不健全的家庭。說不定多重人格正是從假我衍生而來，在某種程度上，是源自真我想要表達自己和生存下去的動力。

我曾醫治酗酒者的成年子女，追蹤他們的復原過程，也治療來自其他問題家庭的成年子女，從這些經驗中，我認為，創傷後壓力症候群和共依存症很有可能存在於許多問題家庭。更進一步說，我相信，如果以任何形式扼殺真我，創傷後壓力症候群不過是諸多後果之一。當我們不允許自己記住、表達感受，拒絕藉助內在小孩的自由表達，來哀悼自己的失落或創傷（無論創傷是真實的，還是有可能發生的），我們就會生病。所以，我們可以將未獲解決的悲傷視為一個光譜，從最輕度的哀傷症狀或徵兆，發展為共依存症，最後是創傷後壓力症候群，貫穿這道光譜的共通之處，就是真我的表達受到阻礙。

創傷後壓力症候群的治療方法，包括與其他有相同問題的人一同參與長期團體治療，並根據需要，搭配短期的個別諮商。很多療癒內在小孩的治療原則，都對治療創傷後壓力症候群很有幫助。

塞馬克曾說：「曾經成功治療這類個案的治療師，通常已經學會尊重案主有隱藏自身感受的需求。最有效的治療過程，需要不斷反覆揭露與掩蓋感受，創傷後壓力症候群案主正是失去了這種調節感覺的能力。他們關閉情緒的能力絕對不會被奪走，這點肯定讓他們非常安心，甚至認定這是生存的重要工具。在此，治療的初步目標是要協助案主更坦然深入自身的感覺，並且向他們保證，一旦他們承受不住，就能再度遠離這些感覺。只要創傷後壓力症候群的案主相信你不會奪去他們的生存機制，就比較可能容許自己的感覺浮現，即使只是短暫的片刻。那一刻，就是起點。」

第7章

如何療癒內在小孩？

為了重新發現我們的真我，療癒內在小孩，我們可以採取以下四種行動：

1. 發現並實踐真我。
2. 識別我們長期以來的身體、精神、情緒和心靈的需求，練習和可靠、願意支持我們的人一起滿足這些需求。
3. 在可靠、願意支持我們的人陪伴下，識別、再次體驗、哀悼我們從未哀悼過的失落或痛苦。
4. 識別並設法克服我們的核心問題。

以上這四種行動，並未按照什麼特殊的順序排列，不過彼此息息相關。在進行這些行動來療癒內在小孩的過程中，通常會形成一種循環，在某個方面的行動與發現，往往和另一方面環環相扣。

康復過程

倖存

為了展開康復的過程，我們必須先倖存。倖存者勢必也是共依存者。我們會採取許多應對技巧及自我防衛手段，才得以生存下來。成長於問題家庭的子女會藉由迴避、躲藏、協商、照顧他人、假裝、否認、學習並修改任何能夠生存的方法，藉此求生。他們學習了各式各樣的自我防衛機制，這些機制往往也是不健康的，其中包括理智化、壓抑、解離、轉移和反向作用（以上這些機制，要是過度使用，可能會被視為精神官能症），另外還有投射、被動攻擊行為、宣洩、慮病症、誇大自我、否認（要是過度使用這些機制，可能會被認為是不成熟的行為，甚至是精神錯亂）。

儘管在不健全家庭中生存時，這些防衛機制十分實用，但在我們成人之後，往往就不適合再使用這些手段。當我們試圖建立健康的關係，這些機制通常不會增進我們的最大利益，反而會扼殺、阻礙內在小孩，助長、強化假我。

金妮是個在酗酒家庭長大的女孩，目前二十一歲，她在開始治療時，寫下了這首詩，體現了倖存階段的痛苦。

懼怕黑夜

猶如孩子一般，在黑夜裡等待
溫暖的雙手和臂膀
環抱住她的寂寞：
在突如其來的安全與愛之中
哭得精疲力盡。
我也在黑暗中，孤伶伶地，沒有人愛，
無依無靠、遭人遺棄和否定，

依然用孩子般的無聲哭喊，召喚
久遠的希望——
被人需要的古老、可靠魔法。

那孩子依然住在我心深處
天真而急切地受了傷，
因此感到困惑與背叛。啊，那令人痛苦的矛盾。
想要探察救援，
卻心知並無援手。
不過，淡薄卻強而有力的舊夢，
在回憶中少許溫柔而真誠的愛，賜予我動力，
我等待。

我在等待。我總是在等待。
我被蹂躪的心敲擊著歲月，
那不可名狀的需求早已忘懷，
卻宛如某種未成形的原始力量，
誘惑、包圍住我的現實，
鈍化了僵硬的理智。

無助的渴望令我荒唐，
我將注意力轉向內心，轉向過往，
那些讓人虛弱、對抗、
順從乃至凋零的年輕記憶
所帶來的痛苦，也模糊了。
我活得沒有意義，

我在如此絕望中等待。

在詩中，金妮透露了她的痛苦、麻木、孤獨與絕望。不過，「那孩子依然住在我心深處」這一句，流露了一線希望之光。

治療的步驟之一是發現自己，找回我們的內在小孩，了解我們為何採用這些無效的方法。在治療的初步階段，能用最有效益的方式做到這些步驟。

雖然我們顯然倖存下來了，卻也確實經歷了許多痛苦和折磨。或許，我們會變得麻木，或是在痛苦與麻木之間交替；慢慢地，我們會逐漸意識到，這些讓我們在孩童及青少年時期生存下來的防禦機制，如果在成年之後繼續套用在健全、親密的關係中，反而效果不彰。兒時創傷所帶來的影響以及成年後失敗的關係，促使我們開始尋找除了這些無效手段以外的方法，這就有可能促成我們邁向復原。

葛瑞維茨與鮑登（Gravitz and Bowden）將酗酒者成年子女的康復過程劃分為

六個階段：❶倖存；❷逐漸覺察；❸核心問題；❹轉化；❺整合；❻創生（或是靈性）。這幾個階段，類似弗格森（Ferguson）提出的生命成長與轉變四階段，或是坎貝爾（Campbell）提出的古典神話英雄旅程三階段。

每個階段對於療癒內在小孩都很有用。我們往往要在回顧時，才會察覺這些階段，當我們身在某個階段當中，我們並不一定會知道自己正在那個階段。這就是為什麼如果在治療期間，能有一位指導者、諮商師或治療師，會對我們很有幫助。

康復階段（惠特菲爾德）	古典神話理論（坎貝爾）	轉化理論（弗格森）	酗酒者成年子女理論（葛瑞維茨與鮑登）
階段零			倖存
			↓
階段一	分離	覺醒	及時覺察
	↓	↓	↓
階段二	啟蒙	探究	核心問題
	↓	↓	↓
			轉化
			↓
	回歸	整合	整合
		↓	↓
階段三		存在	創生（靈性）

覺醒（及時覺察）

覺醒，意味著首次意識到「現實」並非如我們所想。在康復期間，覺醒是自始至終持續不斷的過程。要開始覺醒，通常需要一個進入點或觸發點，這可以是任何事物，能夠動搖我們過去對現實的理解或信念體系。

由於我們的真我非常隱祕，假我又十分顯著，要覺醒並不容易。儘管如此，覺醒仍然時常發生，我在成百上千個孩童身上，親眼見證過這個過程。所謂的觸發點範圍可能很廣大，也許是他們聽別人描述自己的康復歷程，也許是他們已經「十分厭倦」自己所受的折磨，也許是他們為了認真解決生活中的其他問題，開始參加諮商或治療，也有可能是他們參加了自助聚會或教育體驗、看書、聽朋友談起類似的事情。

這時，我們經常開始體驗到困惑、恐懼、入迷、興奮、悲哀、麻木與憤怒，這意味著我們再度開始去感受，開始接觸真正的自己——我們的內在小孩。這時，有些人會放棄，就此止步不前，因為他們覺得回到假我更容易、更「自在」，上述那些感覺令人害怕（這個回歸假我的現象，有可能是精神官能症復發或共依存症復發）。

那些想要從酗酒、藥物成癮、暴食、強迫性賭博等行為中復原的人，都可能經歷復發，或是突然陷入另一種以羞愧為本的強迫行為，像是過度揮霍花費。然而，覺醒會是一個契機，讓我們能夠冒險，發現自己的完整自我、活力，最後得到恆久的平靜。

尋求幫助

在這個階段，有用的作法是尋找諮商師或治療師，來協助我們發現、療癒內在小孩。然而，正在復原的人通常容易受到傷害，經常陷入困惑、恐懼和入迷的狀況，或是抗拒治療，也很可能會找上自己也沒有療癒內在小孩的治療師。倘若治療師自己的需求沒有得到滿足，就有可能會利用剛覺醒的案主，來滿足自己的一些需求，導致這名病患、案主、學員再度受到創傷，造成創傷未能解決、返回假我的惡性循環。

指導方針

如果想找到有益而非有害的治療師或諮商師，以下是可供參考的指導方針。能夠幫助你的人，往往會有以下特點：

1. 具有可證明的訓練和經驗，例如受過訓練、擁有相關經驗的臨床醫師或治療師。對方必須能夠協助一個人在精神、情緒和心靈方面成長，也能有效幫助有特殊問題或狀況的人，比如不健全家庭的成年子女。
2. 不會過於武斷、嚴格或挑剔。
3. 不會提供權宜之計或方便的答案。
4. 你能夠察覺他們真心尊重你，關心你的復原和成長，但也會堅定敦促你去完成復原的過程。

5. 能夠在療癒的過程中，提供一些你所需要的事物（傾聽、鏡射與反應、安全感、尊重、理解並認可你的感受）。

6. 鼓勵你、幫助你找到除了療程以外，健全地滿足自我需求的方法。

7. 他們能夠順利地療癒自己的內在小孩。

8. 不會利用你來滿足自己的需求（這點可能很難發覺）。

9. 和他們在一起，你會感到安全，而且比較自在。

在療癒的過程中，說不定會有朋友擁有多項特質。不過，你的親朋好友並不一定要全神貫注地傾聽你，一般而言，他們也沒受過相關訓練，難以幫助你克服自己的特殊困難或問題。這些親友說不定會希望你滿足他們的需求，甚至是以不健全、缺乏建設性的方式來滿足；此外，或許有些親友遲早會背叛你或拒絕你。最後，你可能會產生陰影，或是感到憤怒。過度接近這些未能完全康復的人，通常不是安全的，如果可以，最好避開他們。

你需要一些時間，才能充分信任這個療癒的過程，知道自己可以冒險表達真我。給自己一點時間吧。有些人需要的時間比較短，或許幾個星期就可以了，有些人可能需要超過一年。最重要的是，請把這些恐懼和你的治療師分享，不要隱瞞。踏出這一步，就能打破你從小學會、否認自我感覺的模式。

當你建立起信任感，就能夠冒險談論內心最深處的祕密、恐懼或擔憂。我在之後的章節會說明述說自身故事的療癒力量，無論是在個別治療或團體治療，說出自己的故事總是很有幫助，即使一開始你可能會結結巴巴或胡言亂語。儘管去請教你的諮商師、治療師、團體領導員或小組成員，請他們提出建議。不管你選擇哪一種治療，如果能在療程之外靠自己的力量，試著進行療癒，會對你很有助益。你可以嘗試的事情包括：疑惑、思考、質疑、探究各種想法和可能性；寫日記或日誌；把夢想告訴信任的人；和他人一同設法解決衝突。

最後，當你向其他人說起自己的事情，尤其是在治療團體或自助團體中，如果能夠漸漸說得比較清楚、簡短，對你的康復會很有用。

在諮商領域，有個不言而喻的常理，就是一個人在治療中時，言行通常會和接受治療以外時相同或類似。你可以詢問治療師或小組，看看你的表現如何，這也許對你的康復有所助益。

最後，治療時可能會出現移情的問題，當中也包括因為你和諮商師、治療師或小組的關係，而產生的情感和衝突。請冒險表達出自己的感受，縱使是憤怒、羞愧、內疚之類的情緒也無妨，無論你起初覺得這些感受多麼微不足道。你的感覺沒有問題，就算你擔心自己的感覺很糟糕或不當。

一旦你覺得夠信任別人，能夠冒險在治療中揭露自我，代表你大概已經準備妥當，可以開始有意識地解決核心問題。

第8章

處理核心問題

問題，是指任何衝突、擔憂或潛在的麻煩。無論是有意或是無意，對我們而言，那些都是一種不完美，需要採取行動或加以改變。

在治療內在小孩時，我們能夠設法解決的核心問題至少有十四種，其中八種曾經有其他臨床醫師和作者闡述過，包括葛瑞維茨與鮑登、塞馬克和布朗、費雪等人，分別是：控制、信任、感受、過度負責、忽視自己的需求、極端的思考和行為、對不當行為的高度容忍、自卑；除此之外，我另外加上以下這些核心問題：做真實的自己、哀悼從未哀悼過的失落、害怕被遺棄、難以解決衝突、難以付出或接受愛。

當我們的生活中出現麻煩、擔憂、衝突或其他負面模式，我們可以選擇一位可靠、願意支持自己的人，請他跟我們談談。起初，我們可能不清楚究竟是哪一個（也說不定是許多個）核心問題與我們有關。核心問題並不會直接以「重大問題」的模樣出現在我們眼前，一開始多半會是日常生活中的小麻煩。不過，隨著我們不斷思索、講述經歷，應該會漸漸釐清究竟是跟哪一種核心問題有關。了解這點，有助於我們逐漸擺脫困惑、不滿，或是尚未覺察到的負面生活模式（強迫性重複）。

極端的思考和行為

這是對抗痛苦的自我防衛機制，治療師稱之為分裂。當我們這樣思考或行動時，往往走向兩種極端，舉例來說，要不是徹底愛一個人，要不就是憎恨他們，毫無灰色地帶；我們認為周遭的人非善即惡，而不是好與壞夾雜，而我們也會以同樣嚴厲的態度評斷自己。我們越採取極端的思考方式，就越容易以極端的方式行事。這往往會讓我們陷入困境，使我們遭受不必要的傷害。

我們可能會受到思考和行為走極端的人吸引，然而，待在這種人身邊，常常會帶來更多煩惱和痛苦。

附錄一中的表A列出會影響不健全家庭成年子女的幾種家長。雖然每一種家長都可能產生極端思考，但是這特別容易出現在信仰某種基本教義派宗教的家長身上，這些家長多半嚴格、苛刻、挑剔、力求完美，遵循以羞愧為本的體制，力圖掩蓋甚至毀滅真我。

相較於長期酒癮、藥物依賴、共依存症、其他成癮或依附行為，極端思考與這些行為的相似之處在於，它們都會嚴厲、不切實際地限制我們的可能性和選擇。如此受限，讓我們感到拘束，無法發揮創造力，也無法在生活中成長。

在治療時，我們會開始了解，生活中大多數事物（包括我們的康復），都不是走極端的全有或全無，也不是只能二選一。大多數事物都是深淺不一的灰，既不是0，也不是10，而多半是位在中間的3、4、5、6、7。

控制

控制也許是我們人生中最主要的問題。不管我們認為自己得控制什麼，比如他人的行為、自己的行為或其他東西，我們的假我總是會緊緊抓住這個意念，不肯放開，結果經常招致情緒上的痛苦、困惑和挫敗。

終究，我們無法控制人生，越是想要控制，越覺得失控，因為我們在這上面集中了太多注意力。感到失控的人，經常會執著地想要掌控一切。

控制也跟依戀有關。聰明人會發現，依戀或是想要掌控一切，正是痛苦的基礎。

當然，痛苦是人生的一部分，也許每個人都必須受苦，才會開始思考人生的其他選項。痛苦說不定能指出通往內心平靜的道路。一個幾乎總是能減輕痛苦的選項，就是放棄：放棄假我，放棄執著於「我能夠控制一切」的想法。

如果抗拒這麼做，我們就會感到痛苦。我們會慢慢發現，最強大、最有療效的行動，就是放棄總想控制一切的需求，如此一來，我們的真我就會獲得自由。在這種情況下，「放棄」指的不是輸掉，不是投降；相反地，放棄的人反而會在試圖控制的掙扎當中獲勝，減輕大部分由於試圖控制所導致的不必要痛苦。這會成為人生中不斷進行的一個過程，而不是一次達成的目標。

想要「控制」的需求，跟其他幾項重大人生課題有著密切的關聯，包括意志力、害怕失控、依賴／獨立、信任、體驗感覺（尤其是憤怒、自尊、羞愧）、隨性、極端思考、對自己和他人的期待。許多人都沒有解決這些重要的人生問題，可是大多數時候，他們卻相信自己已經克服了，成功控制了這些問題和所有人生中的麻煩事，甚至相信自己可以用某種方法控制人生。

大多數人很難明瞭，人生是無法控制的。無論我們怎麼做，人生這套強大、不可理解的過程都將繼續。人生無法控制，是因為人生太過豐富、率性、毫無秩序，單憑我們理性、控制的自我／假我根本無法完全理解，更遑論控制。

這時，我們可能會發現有解決之道，有一種方法能夠擺脫伴隨著掌控的需要而來的痛苦。這個解決之道，就是放棄。然後，漸漸地，我們會成為人生的共同創造者。

這就是心靈方面的療癒會開始發揮強大作用的時候，參加酗酒者家屬團體、戒酒無名會、戒毒匿名會、酗酒者成年子女團體、暴食者匿名會與其他的十二步驟康復計劃，都會對我們有幫助，其他提升靈性的活動也可能有用。

透過合適人選的協助，我們能夠真正放手，解決自己的控制問題。當我們著手去做，就會慢慢發現真正的自我，也感覺更有活力。

過度負責

很多成長於不健全家庭中的人，學會了過度負責。如果想要避免許多令人難受的感覺，比如憤怒、恐懼和傷心，這似乎是唯一的方法，也能給予我們控制一切的錯覺。只不過，過去似乎行得通的方法，到成年後未必每次都會奏效。

一名四十歲的病患告訴我，他總是答應工作上的所有要求，給自己帶來了很多痛苦。他在團體治療中努力改變自己，也上了增強自信的課程，學會拒絕，讓其他人去做他做不到或不想做的事。他逐漸找回了自己的內在小孩。

有的人並不是過度負責，而是不負責任、被動，覺得好像全世界都在迫害他們。處於這種情況的人，如果能在治療時致力解決這些問題，或是練習建立健康的界線，都會很有幫助。

忽視自己的需求

拒絕承認並忽視自己的需求，和過度負責密切相關，這兩者都是假我的行為。

藉由觀察與努力治療，我們漸漸能夠辨認出哪些人會以健康的方式，滿足我們的需求。當越來越多需求得到滿足後，我們會發現一項至關重要的事實：我們自己就是最具影響力、最能發揮作用、力量最大的人，有能力幫助我們自身，得到自己所需要的事物。

我們越明白這一點，就越能夠覺察並確實滿足自己的需求。如此一來，我們的內在小孩就會逐漸覺醒，慢慢茁壯、成長、創造。正如維琴尼亞・薩提爾所說：「我們必須把自己視為首要的奇蹟，值得別人的愛。」

對不當行為高度容忍

成長於不健全家庭的孩子，在成長階段通常不知道何謂正常、健康或恰當。由於沒有其他基準能夠檢驗現實，他們會認為，自己的家庭和生活缺乏一致性、充滿創傷和痛苦，是「本該如此」。

事實上，當我們扮演假我（有問題的家庭、朋友關係、工作環境，往往鼓勵我們這麼做），我們會變得越來越僵化，不知道自己還有別的選擇。

在療癒的過程中，假如有經過專業訓練、可靠的人選在一旁陪伴我們，給予回饋，我們會慢慢了解什麼是健康的、什麼是恰當的。與此相關的其他問題包括：過度負責、忽視自己的需求、感受、界線問題、羞愧和自卑。

提姆是個三十歲的單身男子，參加自助團體已經兩個月。他告訴我們：「小時候，我覺得自己被困住了。父親酗酒時，我不得不忍受他毫無理性的言行，他每天晚上都喝，週末更是幾乎整天喝酒。我想要躲開他，卻又會覺得非常內疚，我母親說我很自私，更加深我的罪惡感。即使到了今天，我成年了，我還是任由別人對我不好，任由別人踩在我頭上。當我發現了問題家庭成年子女的心理治療，開始閱讀相關資料、參加聚會，我才發現自己這樣是不健康的。」

提姆逐漸明白，他過度容忍其他人的不當行為，並且嘗試擺脫這種經常不易察覺的虐待。

害怕被遺棄

這個問題，可以一路回溯到我們存在的最初幾小時、幾分、幾秒。這與信任問題有關，在不健全家庭中成長的孩子身上，害怕被遺棄的狀況通常更為明顯。為了對抗這種恐懼，我們時常懷疑、排除自己的感受，好讓自己不會覺得受傷。

曾有一些案主對我說，在他們的嬰幼兒時期，父母會威脅要離開或拋棄他們，藉此當作懲罰。這是一種殘酷的行為和創傷，對有些人來說，這種行為可能看似溫和，但在我看來，這對於兒童是一種隱晦的虐待。

璜今年三十四歲，是個暢銷作家，離過婚，在不健全的家庭中長大。他在小組中告訴我們：「我不太記得五歲前的生活，不過在那時候，我父親離開了我、媽媽跟妹妹——當時，這簡直是晴天霹靂！他告訴媽媽，他要到西部工作，之後會回來，卻沒有告訴我們幾個小孩。除此之外，我媽還把我送去遠在六百英里外的阿姨家，根本沒告訴我理由，那時的我肯定受到很大的驚嚇。在此之前，我一直否認這整件事，直到最近幾個月，我才檢視自己的感覺。先是那個混帳遺棄了我，後來連我媽也拋棄我，我內心的小男孩肯定受到很大的創傷，我現在開始覺得很憤怒。」

在後來的聚會中，他告訴我們：「面對可能拋棄我的人，我的方法是不和他們太過親近。我會和某些女人非常親密，但假如發生任何長期的衝突，我就會馬上離開她們。現在我才看出來，我是在趁她們離開我之前先拋棄她們。」之後，璜在療癒的過程中，依然努力克服面對遺棄時，內心受傷與憤怒的感覺。

難以處理和解決衝突

難以處理和解決衝突是成年子女的核心問題，這與其他多數核心問題相關，彼此相互影響。

在有問題的家庭或不健全的家庭中成長，讓我們學會盡可能避免衝突。發生衝突時，我們多半想方設法避開，偶爾，我們會採取積極強硬的態度，想要壓制那些和我們起衝突的人。如果這些手段失敗，我們也許會變得工於心計，企圖巧妙地操控對方。在不健全的環境中，這些方法也許有助於確保我們生存下來，在健康的親密關係中卻往往行不通。

療癒內在小孩的基礎，是發現一次又一次的衝突，並且設法解決每一次衝突。然而，在我們接近衝突時，內心可能會湧起的恐懼和其他感覺，強烈到讓我們承受不起。與其直接面對痛苦和衝突，我們也許會回歸先前的方法，包括認定「我可以自己解決」。可是，選擇自己解決不一定會有用。

喬安是名四十歲的女性，她參加團體治療已經七個月。她想要成為小組中的主導成員，可是自從肯恩加入小組，他經常堅持己見，和她唱反調，有時還咄咄逼人，使她很難像之前一樣主導小組，飽受挫折。喬安與肯恩爭執了幾次之後，宣布她決定離開小組。經過小組成員一番深究，終於找出他們兩人之間的根本衝突。我的協同領導員告訴他們：「喬安、肯恩和這個小組，目前處於治療過程的關鍵時刻。你們正經歷一次重要的衝突，現在，你們擁有一個機會，因為這個小組是一個安全的地方，可以讓你們每個人設法克服核心問題。過去，你們是如何處理衝突呢？」

小組成員談起，他們時常逃離衝突、採取積極強硬或巧妙操控的手段，卻都沒有效果。一名成員對喬安說：「妳確實有機會設法解決這個問題，我希望妳不要離開。」喬安說她會考慮。下個星期，她表示她決定留在小組中。

她告訴小組，她覺得他們不聽她的話、不支持她，自從肯恩加入小組後，這種感受變得更強烈。她也透露更多問題，像是她總是難以察覺自己的需求，並滿足這些需求；她經常覺得父母不重視她、不愛她。她與肯恩、整個小組努力處理這次的衝突，經過數次聚會，終於順利解決。

在處理和解決衝突時，我們首先需要覺察到自己遇到衝突。接著，如果我們感到夠安全，可以透露自己的擔憂、感覺和需求。藉由設法處理衝突，我們會越來越懂得如何辨識、解決衝突。

想要覺察並設法解決衝突，是需要勇氣的。

開始談論問題

在治療過程中，我們會開始發自真我，敘述遭到遺棄之類的經驗和恐懼。當我們在可靠、接納我們的人身邊，分享自己的感覺、擔憂、困惑和衝突，我們會建構出自己的故事，在其他場合，我們可能都無法說出這個故事。讓其他人傾聽我們的故事對我們會很有幫助，不過，講述自身故事的過程中，最有用、最療癒一點是，我們也得以聽見自己的故事。在我們真正說出口之前，我們往往不知道故事究竟會以什麼方式呈現。

所以，無論我們想解決什麼擔憂、麻煩或人生課題，首先都要冒險和可靠的人談談，這麼做能夠免除保持沉默與壓抑痛苦帶給我們不必要負荷，也是上上之策。當我們發自肺腑講述自己的故事，我們就會發現自己的真實面貌。這麼做，就是在療癒自己。

在療癒的初期，當我們的核心問題和感覺浮現，很多時候，我們的假我會把這些東西加上別的外表或面具。我們在進行療癒時，其中一項任務，正是學習辨識浮現出來的問題。和可靠的人談論自己的擔憂，其中一項好處就是幫助我們揭露、釐清自身的問題。

觸發核心問題

很多情況會觸發核心問題，讓問題開始活躍，在我們的生活中變得顯著。其中一種情況是親近的關係。在親密關係中，雙方必須敢於做真實的自己，向彼此分享我們可能很少向他人表現出來的自己，這樣的分享，會立刻引發信任、情感和責任等等問題。

雖然我們在療癒過程中，會有機會建立各種親近的關係，不過我們與諮商師、治療師、自助團體成員的關係，都可能會觸發許多問題。為了用更有建設性的方法來處理這些問題，我們可以練習盡量表現真我。這需要我們學習放棄，學習信任、冒險和分享，而這一切都很可能令人恐懼。

其他時常觸發問題，或是促使問題暴露的情況，包括：經歷重大的生活轉變，對工作、家庭表現的要求，探望父母或原生家庭。當感覺、挫折和問題浮上檯面，倘若我們保持真誠，向我們能夠信任的可靠對象表露真我，我們就能夠逐步擺脫這些問題。

在接下來的三章，我會進一步談論感覺，以及如何運用感覺來療癒中自己。

第9章
識別與體驗感覺

在療癒內在小孩的過程中，意識到自己的感覺，並且用有建設性的方式來處理感覺，是至關重要的。

成長於不健全家庭中的人，需求往往沒有得到滿足，這令人非常痛苦，我們會體驗到難受的感覺。由於這種家庭裡的父母和其他成員通常只顧自己，無法傾聽我們說話，也無法支持、照顧、接納、尊重我們，所以在我們的身邊，時常沒有人能分享我們的感覺。情感的痛苦帶來極大的傷害，我們只好藉由各種不健康的自我防衛手段加以抵禦，從而把感覺排除在外，遠離我們的意識。這麼做，讓我們能夠生存下去，卻付出高昂的代價：我們變得越來越麻木，與實際感覺脫節，變得虛假。

當我們不再做真實的自我，精神、情緒和心靈就不會成長，不僅感覺遭到扼殺、缺乏生氣，也經常覺得受挫和困惑。我們扮演了受害者的角色，不了解自己的完整自我，彷彿其他人、整個社會體制和這個世界都在「對付我們」，令我們深受其害，任憑他們擺布。

要消除這種受害者的想法及隨之而來的痛苦，方法就是開始識別與體驗感覺。一個有效的做法能幫助我們了解、體驗感覺，也就是與可靠、願意支持我們的人談論自己的感受。

三十六歲的比爾擁有成功的事業，卻無法建立他想要的親密關係。有一天，在團體治療時，他說：「我以前討厭自己的感覺，討厭在這裡每次都必須談自己的感覺。在這個小組待了兩年之後，我漸漸明白感覺的重要性，甚至開始享受感覺了，雖然有些感覺令人很難受。大致說來，當我體驗自己的感覺時，我會覺得比較有生氣。」

我們不必了解感覺的一切，只需要知道：感覺很重要，我們每個人都擁有各式各樣的感覺，了解感覺、談論感覺是有益健康的。感覺可以成為我們的朋友，只要妥善處理，感覺絕不會背叛我們，我們不會失控，不會像我們擔心的那樣，遭到感覺壓垮或吞沒。

感覺是我們認識自己的途徑，是我們對周遭世界的反應，是我們察覺自己活著的方法。如果沒有意識到感覺，我們就不會真正意識到生命。感覺總結了我們的經驗，告訴我們經驗是好或壞；感覺是我們和自己、和他人、和整個世界的關係中，最有助益的紐帶。

感覺的範圍

我們有兩種基本的感覺——快樂和痛苦。快樂的感覺讓我們感受到力量、幸福和圓滿；痛苦的感覺則會妨礙我們感受幸福，耗盡我們的活力，讓我們覺得精疲力盡、空虛和孤單。可是，痛苦的感覺即使令人難受，卻時常向我們透露一些事情，告訴我們有重要的事情正在發生，可能需要我們留意。

我們需要覺察自身的感覺、自然流暢地去感受，因為感覺每日時時刻刻自發地產生，帶給我們很多好處。感覺同時能警告我們或讓我們安心，是我們判斷當下情況如何的指標，讓我們覺得自己掌控一切、富有生氣。真我能感受到快樂和痛苦，也會表達出來和適當的人分享。假我則傾向於逼迫自己多感受痛苦，加以隱瞞，不和別人分享。方便起見，以下列出一系列的快樂與痛苦，從最快樂的感覺開始，到最痛苦的感覺，最終是困惑和麻木。排列如下：

真我的感覺

- 無條件的愛
- 狂喜
- 喜悅
- 同情與同理心
- 熱忱
- 滿足

假我的感覺

- 恐懼
- 傷心
- 悲哀
- 羞愧和內疚
- 憤怒
- 困惑
- 空虛
- 麻木

用這種方法觀察感覺，會發現我們的真我（亦即內在小孩）具有廣泛的可能性，超出了我們所相信的範圍。內在小孩的維護與成長，會影響心理治療師和諮商師所謂的「強大自我」（strong ego），也就是能從容應對人生困境、靈活而富有創造力的自我意識。對比之下，假我往往比較受限，大多只對痛苦的感覺有反應，也可能沒有絲毫感覺，麻木不仁。假我通常關係到「軟弱的自我」（weak ego），也就是較不靈活、以自我為中心（消極或自私自利）、較為嚴苛的自我意識[4]。為了掩蓋痛苦，我們採用比較不健康的防禦手段來抵禦痛苦，減少了我們人生的可能性與選擇。

對感覺的覺察等級

為了生存，成長於問題環境中、或是正處於問題環境中的人，往往受限於假我的感覺範疇之內。當我們開始探索，更加注意自己的感覺時，我們對於感覺的覺察程度，可以分為四種。

❶封閉感覺

當我們無法體驗感覺時，表示我們封鎖了準確說出感覺、運用感覺的能力（表5）。在這個階段，我們不僅不認識感覺，也無法理解並傳達真我的狀況。儘管我們也許會談論表面的事，或是描述事實，但我們與人互動、體驗生活、成長的能力都非常低落。這時，我們可以說，我們成長與分享感覺的階段處於封閉的狀態，或「第一級」。

◈表5　覺察與傳達感覺的分級表，以及分享的指導方針

改編自德瑞霖（Dreitlein, 1984）

	感覺階段	傳達	自我揭露	人際互動與成長的能力	分享感覺的對象：不當人選	分享感覺的對象：適當人選
1	封閉	表面的對話，事實的描述	無；明顯的事實	無	大多數人	精選過的人
2	開始探索	取悅他人的想法和意見	謹慎偶然	少許	不仔細傾聽的人	仔細傾聽的人
3	探究與表達	真誠的肺腑之言	樂意坦率	很強	背叛或拒絕我們的人	可靠、願意支持我們的人
4	公開，表達觀察	最為理想	當生活改善、達到圓滿	最強	背叛或拒絕我們的人	可靠、願意支持我們的人

❷開始探索

到了第二級，我們會開始探索感覺。此時，我們可能會謹慎地分享自己新發現的感覺，這些感覺或許會在對話中偽裝成想法和意見，而不是以感覺的形式出現。在這個階段，我們與他人互動、體驗生活、成長的能力仍然低落，不過比第一級略高一籌。雖然大多數人都擁有感覺，也經常想要表達，可是多數人並不會這麼做，所以在生活中並不會察覺、分享自身的感覺，僅發揮第一級和第二級的作用。像這樣限制感覺，是假我習慣的方式。

❸探究與體驗

當我們開始認識真我，便開始探究與體驗更深一層的感覺，或是所謂的「內心深處」。在這個階段，當感覺浮現，我們能夠告訴別人自己真正的感受。如此一來，我們就能夠和重要他人進行更多的人際互動，也更能夠體驗人生，從而在精神、情緒和心靈上有所成長。當我們來到了更有效的第三級時，我們會更加了解自己，也更能夠體驗與另一個人的親密關係。

❹ 分享感覺

然而，與他人分享感覺猶如一把雙刃劍。首先，我們分享的對象說不定根本不想聽，他們本身對感覺的覺察能力，也許還停留在第一或第二級，所以沒有辦法傾聽；也或者，他們看起來好像在聽，心思卻全放在自己的事情上，與我們截然不同。還可能發生更令人不快的結果，例如我們不巧和一位不可靠、不願支持的人分享，或是遭到拒絕，甚至是背叛。以下這個例子，就顯示了分享感覺的困難之處。

肯恩是名三十四歲的成功業務員，在他成長的家中，父親和兄弟長期酗酒，母親則是共酒癮者。在自助團體時，他談起最近他在家舉行的慶生會，他對兄弟設下界線，要求他們不許喝酒嗑藥，因為他兄弟過去時常毀了派對。當別人問起他對於兄弟有可能破壞慶生會有什麼想法，他說，他覺得「無所謂」。小組成員再度問他真正的感受，他仍然說：「嗯，無所謂。不過，我今天告訴你們這件事，是想聽聽你們的意見。」小組的人繼續追問他心中的真實感受。漸漸地，他明白自己一直在壓抑恐懼、憤怒、挫折和不知所措。

肯恩充分利用了他在自助團體的時間，請小組成員給予回饋。當時，他已經在小組中待了三個月，開始信任小組，認為這裡是可靠、願意支持他的地方，他可以在這裡公開表達擔憂和困惑。他借助小組的幫忙，發現真我的重要組成元素：感覺。

要表露感覺時，最妥當的做法是和可靠、願意支持我們的人分享這些感覺。治療初期，在不健全家庭中長大的人也許非常想要跟別人分享，卻由於他們不加選擇地把感受告訴任何人，結果遭到拒絕、背叛，甚至惹上麻煩。他們可能會覺得，自己很難記住，並不是每個人都是適合分享感受的對象。

「分享↓確認↓分享」、可靠／不可靠的對象

該如何判定誰可靠、誰不可靠？一個方法是「分享→確認→分享」的技巧（Gravitz, Bowden）。當我們想要與他人分享，卻無法確定到底誰才是可靠的，我們可以先和選中的對象分享一點點感覺，確認對方的反應，假如他們沒有仔細聆聽，或是想要批判我們、想要立即提供建議，我們可以考慮不要和他們分享更多感覺；如果他們企圖證明我們的感覺錯了，拒絕我們，甚至是說我們的閒話，洩漏我們的祕密，背叛我們，那麼他們就不是能夠繼續分享的可靠人選。不過，倘若他們專心聆聽，給予支持，並沒有出現上述的反應，繼續跟他們分享感受可能就是安全的。判斷可靠人選的其他線索，還包括：會和我們眼神交流，時時顯露同情心，不會企圖改變我們，不會打算改變我們的情況或感覺。長期而言，可靠的人會始終如一地傾聽、支持我們，絕不會背叛或拒絕我們。

我們可以在治療團體、自助團體練習傾聽和分享，可以考慮的人選包括諮商師、治療師，或是信任的朋友跟心愛的人。

自發與觀察

當我們越來越自在，變得能夠信任真我和其他人，可以開始選擇性地透露更多感覺。持續進行這樣的分享，逐漸熟悉之後，我們就能觀察越來越多感覺（進入第四級）。這時，我們會發現一項可以增強自信與療癒的原則：我們和自己的感覺是兩回事。儘管我們的感覺大有用處，對於我們的活力、了解或欣賞自己和他人的能力至關重要，但我們也可以純粹觀察感覺。此時，我們與自己的感覺和諧相處，感覺不會壓倒我們，不會支配我們，我們並不是感覺的受害者。到了這個階段，我們與感覺的關係就能更進一級。

轉化感覺

每種感覺都有相反面（表6）。當我們開始意識到痛苦的感覺，一一體驗，加以釋放，就能將這些痛苦的感覺轉化為快樂的感覺。在這個過程中，我們因為將痛苦轉化成快樂，將「詛咒」轉變為贈禮，會萌生一種感激之情。

我們的感覺，與意志力、智力相互配合，幫助我們生活和成長。假如我們否認、曲解、壓抑感覺，只會阻礙感覺自然流動。封鎖感覺，會引發苦惱和疾病；反之，當我們意識到自己的感受，加以分享、接納，然後釋放，我們往往會比較健康，比較能夠體驗內心的寧靜，那是我們的自然狀態。

花點時間體驗自己的感覺，這對我們的成長和快樂是必不可少的。擺脫痛苦的解決之道，是「跨越過去」。

◈表6　一些感覺，與這些感覺的相反面

痛苦的感覺*	快樂的感覺
恐懼**	希望
憤怒**	喜愛
悲哀	喜悅
憎恨	愛
寂寞	共享
傷心	慰藉
厭煩	參與
挫折	滿足
自卑	平等
猜疑	信任
厭惡	吸引
羞怯	好奇

痛苦的感覺＊	快樂的感覺
困惑	清晰
排斥	支持
不滿足	滿意
軟弱	力量
內疚	天真
羞愧＊＊	自豪
空虛	滿足

＊你或許會注意到，我沒有說這些痛苦的感覺是「負面」的，因為經常感受這些情感，對我們也許是正面或有用的，一切都取決於我們如何運用這些感覺。

＊＊恐懼、憤怒和羞愧，可能是我們所有的感覺當中最無用的。

在我們成長的關鍵過程中（這裡指的是哀悼），感覺是不可或缺的一部分。當我們失去某樣重要事物，我們必須哀悼，才能從失落中成長。

4 原先，佛洛伊德及其追隨者用「自我」（ego）一詞，來同時指稱我們現在所理解的真我和假我。自從大約一九四〇年起，客體關係與自體心理學家就把兩者區分開來，通常不再使用 ego 這個術語。今日，多數人將 ego 和假我等同看待。

第10章

哀悼的過程

創傷是種失落事件，無論是真正的失落，還是可能發生的失落。當我們遭到剝奪，或是必須放棄曾經擁有、珍視的東西，還有需要、想要或期盼的東西，就會體驗到失落。

輕微的失落或創傷十分常見，不易察覺，我們經常不認為那些就是失落。然而，每一種失落事件都會造成痛苦或不快，我們稱這種痛苦為悲傷，也可以稱之為哀悼的過程。當我們允許自己體會這些痛苦的感覺，準確說出來，向可靠、願意支持我們的人表露自己的悲傷，我們就能完成哀悼過程，從而解脫。

完成哀悼過程需要時間。越是重大的失落事件，通常就需要越長的時間。面對輕微的失落事件，我們可能會在幾小時、幾天或幾週之內，就完成大部分哀悼過程；對於中等程度的失落事件，則可能需要數個月、一年，或是更長的時間；對於重大的失落事件，通常需要二到四年，或者更久，才能好好完成哀悼過程。

不處理悲傷的危險

如果不處理悲傷，悲傷會不斷惡化，宛如疤痕覆蓋之下的深度傷口，包藏起來的脆弱會隨時再度爆發。當我們經歷失落事件或創傷事件，內心會產生需要發洩的能量，假如不排出這種能量，壓力就會逐漸累積，變成長期鬱結的狀態，也就是克里斯伯格所說的慢性衝擊。假如長期鬱結未能獲得釋放，就會以不安或緊張之類的形式，積存在心中，一開始或許會很難辨識。長期鬱結的表現形式非常廣泛，例如：慢性焦慮、緊張、恐懼、神經質、憤怒或憤恨、悲哀、空虛、不滿足、困惑、內疚、羞愧，或者（在許多成長於問題家庭中的人身上很常見的）麻木或「毫無感覺」。上述許多感覺，可能都會在同一個人身上時隱時現。另外，也可能發生失眠、疼痛、痛苦和其他身體不適的症狀，或是嚴重的精神、情緒、身體上的疾病，包括創傷後壓力症候群。簡而言之，如果無法圓滿地完成哀悼過程，我們勢必會付出代價。

假如我們在童年時期遭受失落事件，卻無法哀悼，那麼可能會帶著上述其中幾種狀況，長大成人，甚至發展出自我毀滅傾向或其他具破壞性的行為。這些破壞性的行為會使我們和別人不快樂，讓我們陷入麻煩，招來一次又一次的危機。如果反覆發生破壞性的行為，就可稱為「強迫性重複」，彷彿我們有一股潛意識的欲望或強烈衝動，不斷重複一種或多種破壞行為，即使這些行為通常對我們無益。

成長於不健全家庭中的孩子，通常曾經歷很多失落事件，而且無法圓滿完成哀悼過程。當他們試圖哀悼時，會接收到諸多負面訊息，築起龐大的障礙，令他們不去感受，也不去談論。他們在童年與青少年時期學到這些模式，會一直持續到成年，難以改變。但是，當我們療癒內在小孩，發現、培育、學著做真正的自我，我們就能夠改變這些毫無益處的行為，掙脫反覆發生、毫不必要的困惑與折磨。首先，我們必須認出自己的失落或創傷，正確地加以辨識，接著，我們就能重新體驗那些失落或創傷，進行哀悼過程，加以完成，而不是像我們過去所習慣的那樣，企圖避開或壓抑。

開始哀悼

想要展開哀悼過程，我們可以運用許多方式，包括：

1. 識別（也就是精確地辨識）我們的失落。
2. 確定我們的需求（表2）。
3. 識別我們的感覺，與他人分享（第九章）。
4. 致力處理核心問題（第八章）。
5. 進行康復步驟。

識別失落和創傷

要識別傷痛、失落或創傷，可能會很困難，尤其是這些感覺說不定已經被我們「堵塞」或壓抑，要識別許久以前發生的失落或創傷，更是難上加難。談論我們的痛苦和擔憂也許會有用，不過光是談論或「談話治療」（talk therapy），不一定足以激起源於未哀悼失落的感覺或悲傷。

這就是為什麼在啟動、推進哀悼進程時，經驗取向的治療或技巧（experiential therapy）非常有幫助。經驗治療法（比如團體治療）雖然需要冒險分享自己真正的擔憂或家庭雕塑（family sculpture），卻能讓我們專注、自發地挖掘潛意識過程，否則僅憑我們一般的覺察能力，可能一直無法察覺潛意識過程。在我們的生活和知識中，大約只有12%是意識知覺，另外88%都是無意識知覺。經驗治療法不只有助於識別失落，也對實際的哀悼過程大有幫助。以下是一些經驗治療法的範例，我們可以藉由哀悼未曾哀悼過的傷痛、失落或創傷，來療癒內在小孩。

1. 冒險與可靠、願意支持自己的人分享，尤其是感覺。

2. 說故事（講述自己的經歷）。
3. 設法處理移情問題（也就是我們投射或「轉移」到別人身上的問題，反之亦然）。
4. 心理劇、重建（Reconstruction）、完形治療法（Gestalt Therapy）、家庭雕塑。
5. 催眠及相關技巧。
6. 參加自助聚會。
7. 執行十二步驟康復計劃。
8. 團體治療（通常會是可靠、願意支持我們的地方，可以在此練習許多體驗治療法）。
9. 伴侶治療或家庭治療。
10. 引導式心像法。
11. 呼吸療法。

12. 自我肯定。

13. 夢的解析。

14. 藝術、動作、遊戲治療。

15. 積極想像與發揮直覺。

16. 冥想。

17. 身體工作療法。

18. 寫日誌或日記。

運用這些體驗治療法時，應該要有完整的康復計劃，最理想的情況是有一位熟知療癒內在小孩原則的治療師引導。

為了進一步協助大家識別自己的失落，尤其是尚未哀悼過的失落，我彙整了一些失落事件的例子（表7）。這份清單也可以搭配附錄一中的表C，其中列出了我們在童年及成年時期可能經歷的各種失落事件或創傷。

失落說不定是突如其來的，也可能是漸進發展，或長久持續；失落可能只是一部分的，可能是全部，可能是不確定的，或是永不休止；失落有可能只發生一次，或是發生多次，或是日積月累；失落永遠是屬於個人的，也可能是象徵性的。

失落是非常普遍的經驗，由於我們太常遭遇失落事件，所以常常輕易忽略。然而，失落事件經常傷害我們的自尊。事實上，每當發生失落事件時，我們的自尊總是遭受打擊。

雖然失落事件經常是個別發生的事件，不易察覺，不過伴隨而來的悲傷會喚起潛意識中未哀悼過的失落。未哀悼過的失落永遠活在我們的潛意識中，因此過往的失落或是令我們回憶起失落的東西，就像當下的失落一樣，都會引發我們對未來進一步失落的恐懼。

◈表7　一些失落事件的例子

彙整自希莫斯（Simos, 1979）

重要的人——親密或意義重大的關係	分離，離婚，拒絕，離棄，遺棄，死亡，流產，生病，搬家，孩子離家……等等。
自身	身材或身體形象，生病，遭遇意外，失去機能，失去控制、自尊、獨立、自我、前景、生活方式、需求，文化衝擊，轉換工作……等等。
童年	健全的教養，滿足需求，健全的發展（經歷不同階段），移情對象（毛毯、絨毛玩具等），兄弟姊妹或其他家庭成員的增加或減少，身體變化（例如在青春期的變化）。失落的潛在威脅；分居或離婚。
成年發展	過渡階段，包括中年與老年的生活。
外在事物	金錢，財產，必需品（鑰匙、錢包等等），汽車，具有情感價值的物品，收藏品。

概括而言，過往的失落和分離，也會對當前的失落、分離、依附關係產生影響。這些因素，都會影響到我們對未來失落的恐懼，以及我們建立未來依附關係的能力。識別未哀悼過的失落，就能開始擺脫時常令我們窒息、難受的束縛。

在治療酒癮、藥物成癮、共酒癮、共依存症及其他創傷時，遭遇失落事件可能會變成壓垮一切的大事。我在本書附錄二的表D中列出十項在這種情況下應該哀悼的失落事件，提供可能受到影響的人參考，據此辨識他們未哀悼過的失落。

悲傷的階段

劇烈的悲傷往往遵循近似的路線，從震驚、恐懼、焦慮和憤怒開始，演變成更嚴重的痛苦和絕望。最後的結局會是正面或負面，端看關於這次失落事件的狀況，以及面臨失落的人是否有完成哀悼的機會。

這些階段或時期，可以分成更詳細的組成要素。

階段1.　震驚、驚慌和否認。

階段2.　劇烈的悲傷，包含：持續、間歇或逐漸減少的否認。／身體上、心理上的痛苦。／自相矛盾的拉扯、情緒和衝動。

可能會發生如下的搜尋行為：

- 一心惦記著失落事件，有強烈的衝動想要談論失落、找回失落的東西，有種等待事情發生的感覺，漫無目的地徘徊，靜不下來，感覺迷惘、不知所措，無法採取行動，感覺時間停滯，紊亂，覺得人生永遠不會再有真正的價值，困惑，覺得事情都不真實。
- 哭泣、憤怒、內疚、羞愧。

- 認同失落物品的特性、價值、症狀、風格或特徵。
- 退化或回到小時候的行為，或是回到和失落事件有關的行為和感覺。
- 無助和沮喪、希望或絕望、慰藉。
- 隨著時間過去，痛苦減輕，逐漸提升應對的能力。
- 有股衝動，想要尋找失落的意義。
- 開始思考沒有那件失落物品的新生活。

階段3. 整合失落與悲傷。

倘若結果是好的：

接受失落的事實，恢復身心健康，減少哭泣的次數和劇烈程度，恢復自尊，專注於現在和未來，有能力再度享受人生，意識到自己從經驗中成長而感到快樂，建立對新事物的認同感，以哀傷和關懷（而非痛苦的心情）來記住失落。

倘若結果是不好的：

在長期心理憂鬱、身體疼痛、自尊偏低的狀態下，接受失落的事實，重新建立對壓抑性格的認同感，容易受到其他分離和失落的傷害。

將這些階段分解成不同要素，有助於我們思考、理解哀悼過程。然而，這些組成要素並非各自獨立、還連續發生的，它們往往不會按照順序一個一個來。相反的，這些組成要素經常相互重疊，在不同表現形式中反覆轉換。

丹娜是個二十八歲的女性，成長於虐待及持續酗酒的家庭。她二十歲左右起，也開始酗酒，在二十四歲戒了酒，開始治療酒癮。她在自助團體待了大約兩年，有顯著的進步。她和男朋友分手時，在小組裡傾訴：「我非常傷心。這次受傷，讓我情緒低落，非常空虛。兩個星期前，我和男朋友分手，這星期我開始哭，就是停不下來。我意識到，我之所以那麼難過，不光是因為分手，也是因為我內在那個小孩的失落，每天回家，我都哭到睡著。我不敢相信我心中的小女孩受到那麼糟的對待，可是這些都是真的。」

哀悼一項失落（她與男友的關係）時，她觸發了為另一項失落（內在小孩的受傷）從未完成的哀悼。這個例子說明，哀悼並非總是如最初看來的那麼簡單。當然，丹娜哀悼她內在小孩的失落已經很久了，雖然方式不盡理想，包括強迫性重複地跟虐待她的男人交往、不信任治療師、加入自助團體的第一年也幾乎不信任小組。可是，漸漸地，她開始冒險，一點一點地吐露她真實的故事。現在，她逐漸擺脫假我和強迫性重複的枷鎖，開始療癒她的內在小孩。

要克服哀悼的痛苦，我們必須在感覺浮現時好好體會，不要試圖去改變。所以，哀悼是積極的過程，會消耗精神和情緒，讓人精疲力竭。由於這一切太令人難受，我們常常想要避開因哀悼而產生的痛苦，可能採用的方法包括：

- 繼續否認失落。
- 純理性地探討失落。
- 封閉感覺。
- 大男人心態（我很強、我能夠自己處理）。
- 濫用酒精或其他藥物，或是養成其他成癮／依附。
- 長期嘗試找回失落的東西。

藉由這些方法，我們也許會得到短暫的慰藉，但不去感受悲傷，只會延長我們的痛苦。大體說來，如果我們逃避哀悼，這與毫不猶豫哀悼失落所耗費的精力是相同的。如果我們在哀悼時去坦然感受，就能減輕失落對我們的影響力。

療癒內在小孩時，我們可能會發現，自己一直在逃避，不願意為很久以前發生的失落而哀悼。可是，無法哀悼將使我們遭受更多、更久的痛苦。對某些人而言，現在或許正是開始進行哀悼過程的時機。

許多方法可以提升我們的感受力，幫助我們在感覺浮現時加以感受、體會。

第11章

持續哀悼：冒險、分享、講述自身的故事

冒險

當我們冒險時，等於暴露出自己，暴露內在小孩，暴露真我。我們冒險一試，處於容易受傷害的狀態。這麼做的時候，可能會出現兩種極端的結果：接受或拒絕。無論我們決定冒險暴露什麼事，對方都有可能會接受，也可能會拒絕，或是出現介於這兩者之間的反應。

我們之中，無論是在童年、青少年、成年時期，許多人曾因為冒險而受到深深的傷害，所以我們通常不願或不能冒險和他人分享真我。可是，如此一來，我們就陷入兩難：如果克制自己的感覺、想法、擔憂和創造力，內在小孩就會逐漸遭到扼殺，使我們覺得難過、受傷，一旦克制的能量累積過多，唯一能夠處理這些能量的方法，就是向某個人發洩。許多在問題家庭中長大的人，都會遭遇這樣的困境。由於某些因素，比如尋求認可、肯定、刺激和親密，我們說不定會選中不可靠、不支持我們的人，當作冒險分享的對象，他們也許會以某種方式拒絕或背叛我們，更加堅定了我們不願意冒險的想法。因此，我們再度壓抑自己所有的情感，持續同樣的惡性循環。然而，要療癒內在小孩，我們就必須和其他人分享。那麼，該從何處著手呢？

與其壓抑在心裡，然後衝動或胡亂發洩，不如一步一步來。找個我們認識、可靠又願意支持的人，比方說信任的朋友、諮商師、治療師、自助團體，遵循前文提到的「分享→確認→分享」方針，一開始先冒險吐露一點小事，如果有效，再分享更多。

冒險分享牽涉到幾個核心問題，包含信任、控制、感覺、害怕被遺棄、極端思考和行為、對不當行為的高度容忍。當上述任何一個問題出現，請仔細思考，和可靠的人談論，這些都對我們很有幫助。

試著冒險以後，終於可以開始講述自己的故事。

講述自己的故事

述說自身故事，是發現及療癒內在小孩的一項有力行動，也是自助團體、團體治療、個別心理治療等療法的基礎。

每個完整的故事，都包含三個基本要素：分離、啟蒙及恢復；十二步驟自助團體將故事分為「過去的情況」、「事情的經過」、「現在的情況」；團體治療的人也許會稱之為冒險、分享、參與和「工作」；在個別諮商或心理治療中，我們也以類似的名字稱呼；心理分析師則稱為「自由聯想、設法克服移情問題、尚未解決的內部衝突」；在親密的朋友之間，我們也許會說那是「敞開心扉」或「談心」。

在分享與講述自身故事時，我們會發現，閒談、沉溺在痛苦之中，通常達不到療癒的目標。一部分的原因是，閒談傾向於攻擊，而非自我揭露，所以一般並不是完整的，只不過是採取受害者的立場或重複惡性循環罷了。沉溺在痛苦之中，就是不斷陳述痛苦的經歷，長度超過了合理、健康的哀悼時間。在一些自助聚會中，就可以觀察到這樣做的危險：當一個人想講述痛苦的經歷，卻沒有找到明顯或立即的解決辦法，這場聚會說不定就會不知不覺演變成「自憐」或「討拍大會」。

希莫斯曾說：「哀悼過程必須與人分享。然而，在聽他人分享時，絕對不可以急躁、指責或是對反覆重述感到厭煩，因為想要宣洩、內化、在潛意識中接納失落的事實，就需要反覆重述。承受失落事件的人對其他人的感覺很敏感，不僅會避免向他們認為無力承擔負荷的人吐露感覺，還可能會想要反過來安慰那些人（也就是聽者）。」

我們的故事不一定要長篇大論，在述說自身故事時，我們要談的是生命中富有意義、重要、困惑、衝突或令人難受的事。我們冒險、分享、互動、發現……通過這些行為，來療癒自己。雖然我們能夠聆聽別人的故事，別人也能聆聽我們的故事，但是在這些過程中，最有療癒效果的，可能是當我們身為說故事的人，自己也會聽見自身的故事。儘管我們講述時，說不定會對我們的故事有個既定的想法，可是將故事說出來之後，通常都和我們最初想的不一樣。

我以圖2來說明我們的故事。在這個循環中，從「滿足」的點開始，我們或許會忘記自己身在故事之中；最終，我們在日常生活中體驗到失落事件，這個失落也許是真實的，也許單純是有可能發生的。這個階段會讓我們哀悼，也會令我們成長。在圖2中，我把哀悼初期的大多數痛苦都概括為受傷。當我們覺得受到傷害，我們往往會發怒。

在這個關鍵時刻，我們或許會意識到，自己經歷了失落事件或是正感到難過。此時，我們可以選擇下決心去正視情感的痛苦，毫不退縮地哀悼。這時候，我們的故事循環就可稱之為「完成的」循環，或「英雄旅程」。另一方面，我們也許依然不會意識到，自己有機會克服因失落或難過而產生的痛苦，結果開始累積憤恨，或者責怪自己，最後導致與壓力相關的疾病，這樣一來，我們承受痛苦的時間，會比我們從一開始就努力克服悲傷要來得更久。這時候，我們的故事循環可以稱為「受害者循環」或「受苦者／受害者的立場」。

倘若我們決心克服痛苦與悲傷，就該開始與人分享、公開談論、分擔、體驗我們的悲傷。為了完成我們的故事，我們說不定需要定期敘述自己的故事，反覆多次，持續數個小時、數天、數星期，甚至數月；我們也可能必須用別的方式來思考自己的故事，反覆斟酌、想像，甚至重新說一次。

儘管這個過程令我們難受，但只要完成它，我們就能結束難過或衝突，擺脫衝突的痛苦。如今，我們的衝突獲得了解決與整合，我們從中學習，療癒內在小孩，獲得成長。我們可以安定地回到內在小孩的自然狀態，也就是滿足、喜悅、充滿創造力的狀態。

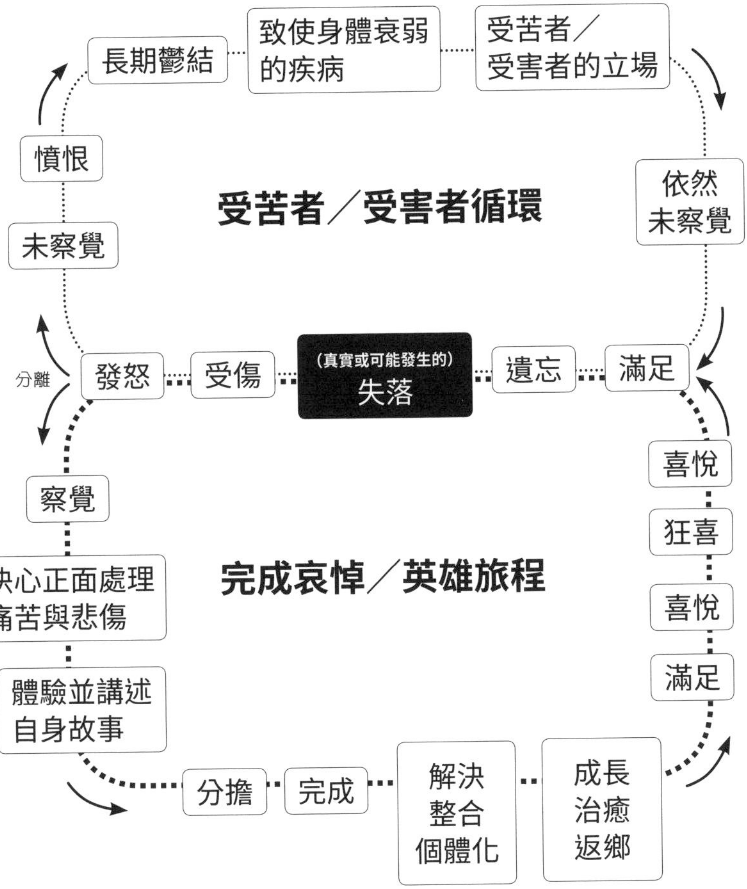
長期鬱結
致使身體衰弱的疾病
受苦者／受害者的立場
憤恨
受苦者／受害者循環
依然未察覺
未察覺
分離
發怒
受傷
(真實或可能發生的)失落
遺忘
滿足
喜悅
察覺
狂喜
決心正面處理痛苦與悲傷
完成哀悼／英雄旅程
喜悅
滿足
體驗並講述自身故事
分擔
完成
解決整合個體化
成長治癒返鄉

◈ 圖2　我們的故事

然而，要開始講述自身故事可能很困難。當我們開始說的時候，也可能很難表達自己的感受，其中最難確認和表達的感覺就是憤怒。

憤怒是哀悼、療癒內在小孩的重要元素。

發怒

憤怒是我們最常見、最重要的感覺。如同其他感覺，憤怒也是我們需要注意什麼的指標。

在問題家庭中長大的人，常常沒意識到自己是多麼生氣，也不知道確認並表達憤怒的益處，即使他們受的創傷發生在多年以前也一樣。

如果他們在兒童和青少年時期，反覆遭受虐待，這些虐待可能並不容易察覺，無論是兒童或成年人，都經常沒意識到自己一直受到虐待。由於沒有其他基準可以檢驗現實，他們以為自己從前受到的對待（往往也是至今仍受到如此對待）是恰當的、沒問題的，即便不恰當，那也是因為他們基於某種理由，活該遭受如此虐待。

藉由在治療時傾聽其他人的故事，我們會慢慢明瞭，到底什麼是不當對待、虐待或忽視。接受團體或個別治療時，如果我們逐漸意識到自己的感覺，加以表達出來，會是對我們有益處的，有助於我們得到平靜的生活。當我們發覺自己遭到不當對待，就可以開始哀悼過程。開始察覺自己的憤怒，辨識並表達出來，是哀悼過程的重要一環。

有些自助團體會要求成員隱藏部分感覺和情緒，尤其是令人難受的那一種，例如恐懼，這是他們少數的缺點之一。甚至有團體會說，不要太飢餓、生氣、寂寞或疲倦。儘管這句話的意思是，每個當事人都應該要「好好照顧自己，才能防止被這些感覺壓垮」，剛開始進行療癒過程的人，很可能會以為這代表「要克制自己的感覺」。

許多正在復原的人害怕表達憤怒，時常擔心如果真的發怒，就可能會失控，傷害到別人、傷害自己，或是引發別的壞事。假如他們深入檢視，通常會發現，他們的憤怒並不是淺薄的惱怒，而是真正的盛怒。大發雷霆是非常可怕的，所以一個人害怕意識到憤怒，也不願意充分表達自己的憤怒，是很正常的情況。

發怒經常伴隨著肉體或神經方面的症狀，例如顫抖、搖晃、恐慌、食欲不振，甚至是興奮。了解並表達憤怒可以讓人感到解脫，然而有問題的家庭或環境往往不鼓勵健康地表達感覺，甚至是禁止。

無論在童年、青少年或成年時期，當我們經歷失落事件或創傷（或許是真實的，或許是可能發生的），這時會產生的反應，最主要是恐懼和受傷。可是，在不允許表達感覺的環境中，我們會覺得失落或創傷好像是自己造成的，因而感到羞愧和內疚，偏偏連公開表達羞愧和內疚也不行。於是，我們可能會覺得更加生氣，倘若試圖表達憤怒，又會迅速遭到制止。當我們反覆地封閉、抑制這些感覺，內在小孩會感到困惑、悲哀、羞愧、空虛，一旦這些痛苦的感覺增加、累積，就會逐漸變得難以忍受。既然我們無處可以公開談論這些感覺，唯一的選擇就是盡可能封閉所有的感覺，變得麻木無感。

實際上，我們有四種其他選擇。隨著年齡增長，我們也許會學到：❶一直壓抑，直到承受不住為止；❷由於無法吐露出來，我們最終得到身體或情緒上的疾病，或是終於「爆發」；❸用某種成癮來忘卻痛苦；❹表達痛苦，並且和可靠、願意支持自己的人一起設法克服痛苦。

利用酒精或其他藥物（無論是由醫師開處方或自行服藥）來忘卻痛苦，通常不會一直有效，而且對孩子有些危險，因為成癮習慣有擴及家人的傾向。另外，這麼做也會阻礙我們用健全的方法消除悲傷。問題是，很多人儘管尋求援助，想解決痛苦，卻只得到減輕疼痛的藥物，沒有人會告訴我們這是哀悼過程，鼓勵我們設法克服。

壓抑痛苦，直到承受不住，終於爆發，經常是問題家庭中典型的發洩途徑。

相較於用成癮來對付痛苦或者變得麻木，這麼做大概更為有效，卻仍舊遠遠比不上在痛苦發生或「出現」時，和可靠、願意支持的人一同談論痛苦。

保護自己的父母：令我們無法哀悼的障礙

我在前幾章提到逃避哀悼之苦的六種方法：否認失落、純理性地探討失落、封閉感覺、當個大男人、濫用酒精或其他藥物、長時間嘗試找回失落的東西。

現在，可以詳述哀悼的另一個障礙：保護父母或其他權威人物，避開我們的怒火。在哀悼並找回內在小孩以前，我們可能會覺得，自己對父母發脾氣是不恰當的，或是會發生壞事，因此而感到害怕。這種看法和恐懼，多多少少與許多家庭常有的「不許說、不許信任別人、不許感受」這種規定有關。在以下的表8，我列出我們在童年及成年時，經常保護父母免於承受我們怒火的幾種方法。

◆表8　我們時常用來保護父母（導致阻礙治療）的回答、手段及策略

	種類	經常聽到的回答
1	**徹底否認**	「我的童年過得很好。」
2	**姑息** 「對，可是……」 從感覺中抽離	「是有這回事，不過……他們（父母親）也盡力了。」
3	**認為創傷的痛苦只是幻想**	「沒發生過那樣的事。」
4	**宗教或傳統戒律**	「要是我對父母動怒，神明會生我的氣。」
5	**潛意識中害怕拒絕**	「假如我表達憤怒，他們就不會愛我了。」

	種類	經常聽到的回答
6	懼怕未知之事	「會發生很糟的事，我可能傷害別人，或是他們可能傷害我。」
7	接受指責	「是我不好。」
8	原諒父母	「我會原諒他們。」「我已經原諒他們了。」
9	攻擊提議進行療癒過程的人	「你這人真壞，竟然建議我表達我的傷痛和憤怒，暗示我爸媽可能很糟糕。」

第一種方法是徹底否認。我們可能會說「我的童年過得很好」或「我的童年很正常」之類的話，許多來自酗酒家庭、不健全家庭的成年子女，都不記得75%

以上的童年經歷，這就是他們的創傷。不過，根據我的臨床經驗，在努力治療時，多數成年子女能夠設法克服否認，漸漸發掘出他們從未哀悼過的失落，設法解決。在團體治療、自助聚會等地方傾聽他人的故事，有助於識別、確認自己經歷過的事，這時候，我們就能開始將哀悼付諸行動，這其中也包含發怒。

第二種方式是採取姑息的態度，例如當事人會說：「沒錯，我的童年可能過得有點糟，不過我爸媽已經盡全力了。」這麼做，常常是從自己的感覺中抽離出來。如果採取這種「何必麻煩」的立場，會妨礙我們進行擺脫痛苦必需的哀悼過程。

第三種方法，是將失落或創傷的痛苦視為幻想。在進行心理治療的復原工作時，這種情況很常出現在我們身上。心理分析師或治療師可能會表示，假如我們經歷過創傷，我們的記憶不會和實際情況完全相同，言外之意就是那有可能是幻想。這點加深了我們的傷痛，再次告訴我們，內在小孩的痛苦是假的，最後讓我們得到「從沒發生過那樣的事」之類的結論。

無論是哪一種治療或諮商，都可能勸我們承認，我們現已經沒有懼怕的理由，不必再反抗了，我們早已從治療師、諮商師或一般的自助團體那裡，滿足了得到接納的需求；他們也可能會說，雖然我們會恨自己的父母，但我們其實也是愛他們的，他們所做的錯事只是出於愛。米勒曾說：「成年的個案都明白這些事情，但他很樂意再聽一次，因為這能幫助他再次否認、安撫、控制他心裡剛開始哭泣的內在小孩。如此一來，治療師、小組或他自己會把內在小孩從那些感覺中驅除，因為當下的情況儘管仍舊令他們激動，卻已經不再適合內在小孩的存在了。原先的過程可以帶來令人滿意的結果，也就是真我的覺醒和成熟，卻因為這些治療方法拒絕支持憤怒的內在小孩，而破壞了這個過程。」為了脫離虐待，我們通常需要發怒。

下一種方法是宗教界律或傳統觀念，例如聖經說「當孝敬父母」。我們很難解讀「孝敬」究竟是什麼意思，不過，長久以來，大多數父母都把孝順詮釋為「不許頂嘴」、壓抑小孩的訊息。我們說不定會由此推論：「要是我對父母動怒，神明會生我的氣，所以那樣做就是不對。」或是：「要是我對他們生氣，我就是壞人。」大多數宗教組織都有類似的訓誡，經常扼殺我們的內在小孩，不讓我們做真實的自己，也不讓我們用健康的方法克服失落。

第五種方式，是害怕遭到父母的拒絕。我們可能會認為：「假如我表達憤怒，他們就不會愛我了。」或是：「他們會再度把我當成壞小孩。」如果我們察覺到內心有這樣的真誠恐懼，最好表達出來。

第六種方法是懼怕未知之事，或害怕表達感覺。我們可能覺得：「這樣會發生很糟的事，我可能會傷害別人，或是別人會傷害我。」如果我們真心感受到這種恐懼，在治療時也需要表達出來。我們說不定還會指責自己，宣稱「是我不好」。

許多人逃避憤怒和悲傷的方法很單純，就是「原諒」父母。表現原諒是輕而易舉的，當事人也許會說：「我會原諒他們。」或是更加壓抑真我：「我已經原諒他們了。」然而，大多數這麼說的人其實並沒有完全原諒。實際上，原諒的過程儘管並不與哀悼過程完全相同，也是相當類似的。

最後一種方式，是攻擊那些建議我們進行復原或療癒過程的人，尤其是可能需要對父母表達憤怒或責備的過程。我們或許會認為：「你太過分了，竟然提出這樣的建議！」或是：「你竟敢暗示我爸媽很糟糕？」

我們會用其中一種或是好幾種方式來保護父母，避免父母承受我們的傷痛與憤怒。這麼一來，我們會扼殺真我，阻礙自己從不必要的痛苦中復原。可是，如今我們知道，這些障礙中存在著更多可能性。以後，我們無論在何種情況下，即便是在不知不覺間，如果我們察覺自己開始利用這些方式阻撓哀悼過程，只要我們做好準備，就可以逐漸消除這些障礙。

表達憤怒

我們會逐漸了解，療癒內在小孩時，意識到自己的憤怒、加以表達出來，是恰當而健康的行為。可是，我們該如何表達？又該對誰表達？

有些人能夠傾聽我們的憤怒，幫助我們處理這種情緒，也就是前文所說的那些可靠、願意支持的人——治療師、諮商師、治療團體、自助團體，以及我們信任的親友。相對地，有些人出於某種原因，忍受不了我們的憤怒，也無法聽我們講述憤怒的情緒，這些人可能是我們的父母，以及其他讓我們聯想到父母親的人。假如我們以需要的方式表達情緒，直接向這些人吐露，未必能夠完成療癒的體驗，因為對方很可能不了解我們想要表達什麼、想做什麼，也說不定會拒絕聽我們陳述，抗拒我們主動冒險吐露的事情。於是，我們會再度感到困惑、受傷、無力。如果對這些人公開談論我們的憤怒，雖然可以宣洩情緒，但是卻對我們無益，甚至可能導致自我毀滅。他們沒有療癒自己的內在小孩，因此通常無法成為療癒別人、可靠、願意支持他人的對象。不過，我們可以學著對這些人設限，以免他們繼續虐待我們。我們要懷著關愛，不是用挑釁的態度，而是堅定自信地設下界限。

假如能與父母和解，在哀悼和寬恕的過程中原諒父母（或其他虐待我們的人），通常會對我們很有助益，但最重要的是，千萬不要倉促行事，急著完成這一切過程。有些治療師和諮商師，可能把跟父母和解當成治療最急迫、最終極的目標，然而，要是太早往這個方向努力，反而會阻礙我們發現、療癒內在小孩。所以，最好是慢慢來。

就算我們已經努力找回、療癒內在小孩，持續很長一段時間，也不一定能夠化解我們和父母的分歧。我們要意識到，我們無法修正他們，他們會保持原樣，而我們無力改變，唯有放手。

面對會傷害自己的父母或其他人（例如長期酗酒者、使用暴力或以其他方式虐待他人的人），如果能夠和施虐者分開幾個月或一年以上，對我們可能會有益。在這段分離的期間，我們會得到空間和平靜，能夠開始發現、療癒內在小孩。

其他動因

當我們哀悼的失落傷害我們越深，我們通常越覺得憤怒，即使我們與失落之物的關係相當健康，我們仍然會因為遭受剝奪、感到無助，結果生氣。我們或許會遷怒於別人，包括我們認為應該為這次失落事件負責的人，還有任何不像我們這樣受苦的人；最後，我們也可能對於必須付錢諮商而生氣，甚至對強迫我們進行哀悼過程的治療師生氣。

努力平復憤怒和其餘的傷痛後，當我們終於能夠放下憤怒和痛苦，就會來到受夠了的階段。在下一章，將討論我們療癒自己時的轉化過程。

第12章

轉化過程

透過種種方法，包括做真實的自己、反省、參加治療團體、諮商，許多人成功轉化自己的生活，變得更自由、完整和滿足。

轉化是一種改變，重新塑造，重新調整，最終，我們會將生活的目的從「有所成就」轉變為「表露自己的本質」。轉化時，我們會改變自己的覺察或意識，從一個領域的現實和存在，轉換到另一個領域。透過這樣的改變，我們成長到更崇高、更自主、更平和、更富有創造力的層次；同時，我們體驗到更強大的個人力量、更多可能性和選擇，也開始承擔更多責任，努力讓自己的人生正常運作。

在轉化階段，我們努力揭露內在小孩脆弱的一面，不過，幾乎自相矛盾的是，我們也同時索求內在小孩天生的力量。我們將生活中比較繁重（經常也比較不健全）的部分，轉化成有益的、更具實用性的。舉例來說，當我們識別、設法解決、改變自己的核心問題，我們會經歷隨之而來的轉化。

在生活中做出這些改變並不容易。我們要致力於改變，就必須冒險對可靠、願意支持自己的人，說出自身的故事。然而，轉化通常不會是在前一天還感到自卑，祈禱自己更有自信，隔天早晨醒來，就突然擁有了健康的自尊。這種改變生活的行動，是有具體步驟的。

復原問題	轉化為
哀悼過去和目前的問題	哀悼目前的失落
難以做真實的自己	做真實的自己
忽視自己的需求	滿足自己的需求
對他人過度負責	對自己負責，界線清楚
自卑	提高自尊
控制	承擔責任，放棄控制
做出極端行為	不再走極端

復原問題	轉化為
難以信任別人	適度信任他人
難以感受	觀察並發揮自己的感覺
對不當行為高度容忍	明白什麼才叫恰當，如果不知道，就請教可靠的人
害怕被遺棄	不再害怕被遺棄
難以解決衝突	解決衝突
難以付出和接受愛	愛自己、愛別人

一次處理一個我們眼前的問題，通常是開始轉化過程最有用的方法，葛瑞維茨與鮑登稱之為「逐一進行」，也就是將解決方案拆解成逐步計劃或組成元素。我在表9中列舉了一些步驟。

◆表9 療癒內在小孩時，轉化、整合核心問題的步驟

	復原問題	初階	中階	進階	康復
1	哀悼	識別自己的失落	學習哀悼	哀悼	哀悼目前的失落
2	做真實的自己	發現自己的真我	練習做真實的自己		做真實的自己
3	忽視自己的需求	意識到自己有需求	識別自己的需求	開始滿足自己的需求	滿足自己的需求
4	對他人過度負責	確定界線	釐清界線	學習設限	對自己負責，界限清楚
5	自卑	識別	分享	自我肯定	提高自尊
6	控制	識別	開始放手	承擔責任	承擔責任，同時放手
7	極端思考或行為	確認與識別	學習「兩者皆有」的選擇	獲得自由	選擇不再走極端

	8	9	10	11	12	14/13
復原問題 ↓	信任	感受	對不當行為高度容忍	害怕被遺棄	難以處理和解決衝突	難以付出和接受愛
初階 ↓	意識到信任別人是有益的	確認與識別	懷疑何為恰當、何為不當	察覺自己遭到遺棄或忽視	確認與冒險	界定愛
中階 ↓	選擇性的信任	體驗	學習何為恰當、何為不當	與人談論	練習表達感受	練習愛
進階 ↓	學習信任可靠的人	發揮	學習設限	哀悼自己遭遺棄	解決衝突	原諒與改善
康復	適度信任他人	觀察並發揮感覺	明白何為恰當，如果不知道，就請教可靠的人	不再害怕被遺棄	設法解決目前的衝突	愛自己、愛別人

瓊是名三十三歲的女性，正在努力克服「忽視自己需求」這個核心問題。在她記憶中，她幾乎總是只在乎其他人的需求，忽視掉她自己的需求。她發展出一種模式，老是結交特別需要關懷的人，這個模式令她越來越把注意力放在他人身上。

在團體治療中，她說：「在此之前，我從來不知道我自己有什麼需求，這個概念對我來說很陌生。但是，我開始明白，我的確有需求。我正在努力滿足的一個需求是，努力放鬆下來，享受樂趣。雖然在這裡用『努力』這個詞彙很好笑，不過那的確是我正在做的事。我一向非常認真，甚至不知道放鬆下來玩個痛快是什麼感覺。我想，我從來沒有學會當個小孩，從來沒有像小孩一樣地玩耍，總是超級有責任感。我的諮商師給我一個作業，每到週末，我要每天抽出三十分鐘，純粹玩樂、放鬆或享受樂趣。我不確定我做不做得到，不過我在嘗試。第一天做完以後，接下來五天，我根本完全忘了這回事。所以我明白，我正在抗拒。」

滿足需求的過程，可以拆解成幾個步驟：首先，意識到我們有需求，接著開始識別、正確無誤地說出需求，如此一來，我們就能逐步克服自己的核心問題。光是完成這些步驟，或許就需要好幾個月，甚至更長的時間，最後我們才會真正開始滿足自己的需求。只要一步步提高覺察力，持續注意，努力滿足自己的需求，我們就能改變生活，讓我們的需求在多數時候都能得到滿足。

發現核心問題之後，我們就要試圖解決。當我們越來越清楚自己的核心問題是什麼，就能根據自己的體驗展開行動，正確說出問題，學會尊重自己內在的監控系統：感官和反應。忽略這套系統的日子已經過去了，如今，我們坦率接受自己的感受、感官和反應，接受真我的所有重要部分。

我們可以視情況，實行前文提過的「分享→確認→分享」步驟，一次分享一點，確認對方的回應，倘若對方確實仔細傾聽，聽進我們的話，真誠對待我們，不會拒絕或背叛我們，我們就可以選擇多分享一些，然後再度確認。

擺脫受害者的角色

我們現在的行為，和小時候的經歷有關。隨著我們分享自己的故事，會慢慢擺脫受害者的角色，從強迫性重複中解脫。

四十二歲的理查有三名子女，是個成功的生意人，先後娶過兩任妻子，結果都是酒鬼，目前在和第二任妻子辦理離婚手續：

我一直不了解自己的行為模式，直到現在。透過諮商，還有這個小組的協助，我發現這個模式最後總是又傷到了我。我媽媽是個酒鬼，我一直看不清這點，直到現在才有辦法承認。我覺得我永遠幫不了她，所以我在無意識之中，一直想去外面找個我能夠幫助的女人。可是，其實我幫不了她們任何一個人。自助團體幫助我看清了這點，現在，我睜大眼睛，努力避免同樣的錯，對自己也比較有自信了。

理查轉變了他生活的一部分，也就是他創作、敘述自身故事的方式，藉此，他也轉化了自己的意識、行動和行為。如今，在他創作和講述的人生故事中，原本經常無意識做出強迫行為的受苦者，轉化成了更加清楚知道自身感覺和行為的人。他現在脫離了受苦者／受害者的循環，踏上英雄旅程。

受苦者／受害者循環	英雄旅程
假我	真我
自我緊縮	自我擴展
當時當地	此時此地
未完成事務	已完成和將完成的事務
極少個人權利	很多個人權利

受苦者／受害者循環	英雄旅程
停滯、退化	成長
極少分享	適度分享
不變的故事	發展中的故事
強迫性重複	講述自身故事
衝動與強迫	隨性而流動
大多是無意識	多半是有意識
未察覺的膠著	逐漸意識到成長和本質
漫無目的	目標明確
缺乏康復計劃	進行康復計劃
較不樂意接受他人的意見	樂意接受可靠他人的意見

受苦者／受害者循環	英雄旅程
程度不一的戒癮後遺症	努力克服痛苦，體會喜悅
「靠一己之力」去做	共同創造
時常自以為是	謙虛但有自信
較少可能性與選擇	較多可能性與選擇
「惡夢」	「美夢」
生病	健康
禍害	贈禮

在療癒的過程中，核心問題會多次浮現，在我們設法解決時，會對這些問題越來越清楚。我們會發現，這些問題並不是各自孤立的，反而時常是與其他問題相互影響，甚至是包含其他的問題，舉例而言，信任問題經常與極端化思考、控制、自卑等問題相互糾纏。

放手、交出去、寬恕的過程

很多人即使開始十二步驟康復計劃，努力戒除成癮、暴食，改善精神官能症或其他痛苦，經過好幾年的時間，卻仍然陷於情感的痛苦之中。每當有人在自助聚會中，提出家庭問題、憤怒或困惑時，有些小組可能會避而不談，也可能有人會說：「為什麼不把一切交出去？」（「交出去」，是指把我們的鬱結或憤恨交給一種層次更高的力量。）這麼說的意思，就好像立刻擺脫困惑和痛苦非常容易一樣。

可是，假如我們不知道困擾我們的是什麼，就無法將之「交出去」。我們需要更深入了解，開始感受內心的衝突、感覺和沮喪，不能用理智，而是用「心」、用自我的本質去深切體會。冒險、談論、對可靠的人講述自身故事，可以幫助我們進一步體驗。我們受的傷痛越深，無論那些傷是發生在過去還是現在，我們就越需要講出故事，為得不到自己想要的事物而哀悼。我們或許需要花上幾個月、甚至幾年，來談論我們對於自己的傷痛有什麼感覺。

唯有圓滿地識別、體驗痛苦之後，我們才能真正開始思考，我們或許還有選擇的可能。對於那些意義重大、讓我們難過的事物，我們可以選擇是要繼續還是停止受苦，如果我們選擇停止受苦，也真的準備就緒，就能夠放手。通常，唯有到這個時候，我們才能夠「交出去」，真正解脫。這個過程有好幾種名稱，包括寬恕過程、超脫過程，或是簡單的「放手」。

整個過程可以總結如下：

1. 開始意識到自己的痛苦或擔憂。

2. 深切體會，包括講述自己的故事。

3. 思考我們也許有機會選擇停止為此受苦。

4. 放手。

在療癒內在小孩時，我們就是要設法完成這個過程，識別、察覺、體會，然後放手。在我們大多數人的生命中，承受了大量從未哀悼過的失落之苦，所以若是要克服這些痛苦，可能需要很長一段時間，我們的耐心將會受到考驗。

堅定自信

在療癒內在小孩的轉化階段，我們會開始明白堅定自信與強硬的差別。強硬通常是有些攻擊性的行為，無論是用語言還是肢體，這麼做也許能讓我們得到想要的，卻常會讓雙方因為衝突而感到心煩或不愉快。相比之下，堅定自信不僅能協助我們得到自己想要或需要的，也不會讓彼此不愉快。一個人是否堅定而有自信的主要指標，端看雙方是不是覺得彼此的互動感覺很好。

許多成長在不健全家庭的孩子學會了強硬的態度，或善於擺布他人，要不然就是袖手旁觀或消極退縮。他們得不到想要或需要的東西，幾乎不曾見過堅定自信的榜樣，也很少有人教他們要堅定自信，於是在他們長大成人後，行事作風要嘛強硬或善於擺布，要嘛消極被動、「討好別人」，也可能以上兼具。

堅定自信的態度，通常能讓我們得到自己想要的事物。不過，要學會堅定自信，往往是需要練習的。我們可以在可靠、願意支持的人面前練習，如果能在自助團體中練習，會更有成效。

鮑伯是名三十歲的會計師，加入了專為問題家庭成年子女而設的自助團體。在團體中，他害羞、孤僻而安靜，無論他怎麼努力，都很難讓小組的人理解他的想法。後來，鮑伯去上了專門教人堅定自信的課程，此後無論是在小組內外，鮑伯都變得活躍許多。「我學會為自己發聲，」他說：「現在，如果有事困擾我，或是我想要什麼，我就坦白說出來。這對我來說仍然很困難，不過在我考慮過想說的話之後，我會強迫自己說出來。每一次我成功地表現出堅定自信，這對我就會變得容易一點。」

當我們發生轉化，變得堅定、有自信，周遭的人也許會感到驚訝，說不定還會讓我們以為自己有什麼不對勁。

喬是位五十二歲的已婚男士，育有一子，他成長於一個非常不懂得拿捏界線的問題家庭，家人總是互相管別人的閒事。在他的童年，甚至是成年之後，他的生活都非常混亂，充滿怨恨和難過。當他開始進行療癒，他變得比較堅定自信。「最近，只要父親對我不好，我都會勇敢反抗，這讓我覺得很棒。後來，我母親看見我堅定地說出自己的想法，就對我妹妹說：『你哥哥最近是怎麼回事，他跟以前差好多，我在想他到底哪裡不對勁？』好像我發瘋了一樣。如果不是老婆和這個小組可以和我談談，我大概會相信她，以為我真的不對勁。可是，我知道我沒有發瘋——其實，我是越來越健康了。」

喬的經驗，是很多正在療癒內在小孩的人經常遇到的。認識我們的人，時常注意到我們的改變，根據我們在療癒中的不同階段，他們也許會留意到我們的轉變有些特殊，因而害怕自己總有一天也得改變。當他們的恐懼累積到一定程度，為了應對恐懼，他們往往會用某種方法，將恐懼轉嫁給別人，通常就是轉嫁給正在改變的人。對某些人來說，看到他人改變，會對自己造成威脅。

個人的「權利法案」

到了轉化階段，我們開始發現，我們擁有個人權利。在小時候，甚至到成年，有些人對待我們的方式，就好像我們沒有太多權利，或是根本毫無權利，讓我們自己也相信自己是沒有權利的。至今，我們說不定還過著毫無權利的生活。

在療癒內在小孩時，我們可以擬定個人的「權利法案」。在我協助的自助團體中，我會請小組成員思考他們擁有什麼權利，寫出來和小組分享，以下收錄部分：

個人權利法案

1. 在生活中，除了生存以外，我還有很多選擇。
2. 我有權利發現、了解自己的內在小孩。
3. 我有權利哀悼自己沒有得到需要的東西，或者得到不需要、不想要的東西。
4. 我有權利按照自己的價值觀和標準行事。
5. 我有權利拒絕我覺得自己沒準備好、不安全、違反價值觀的事。
6. 我有權利維持尊嚴，獲得尊重。
7. 我有權利做決定。
8. 我有權利依照自己的輕重緩急去做。
9. 我有權利讓他人尊重我的需求和希望。

10. 我有權利在對方讓我覺得受到貶低和羞辱時，結束和他的對話。
11. 我有權利不為別人的行為、行動、感覺或問題負責。
12. 我有權利犯錯，不必完美。
13. 我有權利擁有所有的感覺。
14. 我有權利對我愛的人生氣。
15. 我有權利當個獨一無二的我，不用覺得自己不夠好。
16. 我有權利感到害怕，並且說出「我很害怕」。
17. 我有權利體驗恐懼、內疚和羞愧，然後放手。
18. 我有權利根據自己的感覺、判斷或任何我選擇的理由，做出決定。
19. 我有權利隨時改變主意。

20. 我有權利享有快樂。
21. 我有權利擁有自己的個人空間和需要的時間。
22. 我有權利放鬆、開玩笑。
23. 我有權利改變和成長。
24. 我有權利改善溝通技巧，好讓別人了解我。
25. 我有權利交朋友，跟別人自在地相處。
26. 我有權利生活在沒有虐待的環境中。
27. 我可以比周遭的人更健康。
28. 我可以照顧自己。
29. 我有權利哀悼真實的或可能發生的失落。

30. 我有權利信任贏得我信賴的人。
31. 我有權利原諒他人及原諒自己。
32. 我有權利付出和接受無條件的愛。

不妨思考一下，自己是否擁有上述權利。我相信，每個人都有權利做到上述每一條，甚至更多。

在我們發生轉化時，我們也會開始將這些轉變整合到生活之中。

第13章

整合人生故事

轉化時，我們會開始整合這些轉變，應用在日常生活中。整合，意味著用每一個小部分組成整體。療癒，指的是朝完整、整合邁進。治癒及整合，是與困惑和混亂恰恰相反的，我們現在要應用、整合從療癒過程中學到的所有東西，以求得到幸福的生活。

在這個階段，當我們運用自己努力習得的一切，疑惑和困難會越來越少。現在，我們可以只做需要做的事，就像反射動作一樣。

到了整合階段，我們就是自己本來的樣子，無須因為做自己向任何人道歉。我們可以放鬆、玩耍、享受樂趣，不會感到內疚；與此同時，我們學會根據自己的需求，設下界限，我們清楚自己的權利，按照權利行事。

我們彙整出一幅圖像，這也許有助於釐清療癒內在小孩的過程（圖2）。在這張圖中，我們可以看出療癒不是靜態的事件，並不是只要療癒發生在我們身上，我們就能從此享受生活。療癒並非一個全有或全無的結果，而是不斷發展的過程，在此時此地不斷持續，通過許多個當下。

在療癒的過程中，我們不會只覺醒一次，而是會覺醒很多次。我們不會只冒險講述自己的故事一次，而是會述說很多次。我們偶爾會受傷、哀悼、成長，但大體而言，我們享受自己的生活。

我們開始識別失落，在發生失落事件時為其哀悼。當核心問題浮現，我們可以與別人談論，設法解決。在我們辨識問題時，也許會注意到兩種問題時常出現：一種是極端化的思考和行為，第二種是控制。根據未哀悼過的失落有多少、多嚴重，我們可能必須採取這些行為模式，才能生存（見圖3左上角），在我們的年少時期，幾乎沒有其他辦法。不過，現在的我們已經走到到轉化和整合的階段，開始擺脫失落對我們的控制，這時，我們會發現自己對控制的需求逐漸減輕。我們開始識別自己的需求，找出健康滿足需求的方法，學習做真實的自己，練習保持真誠。

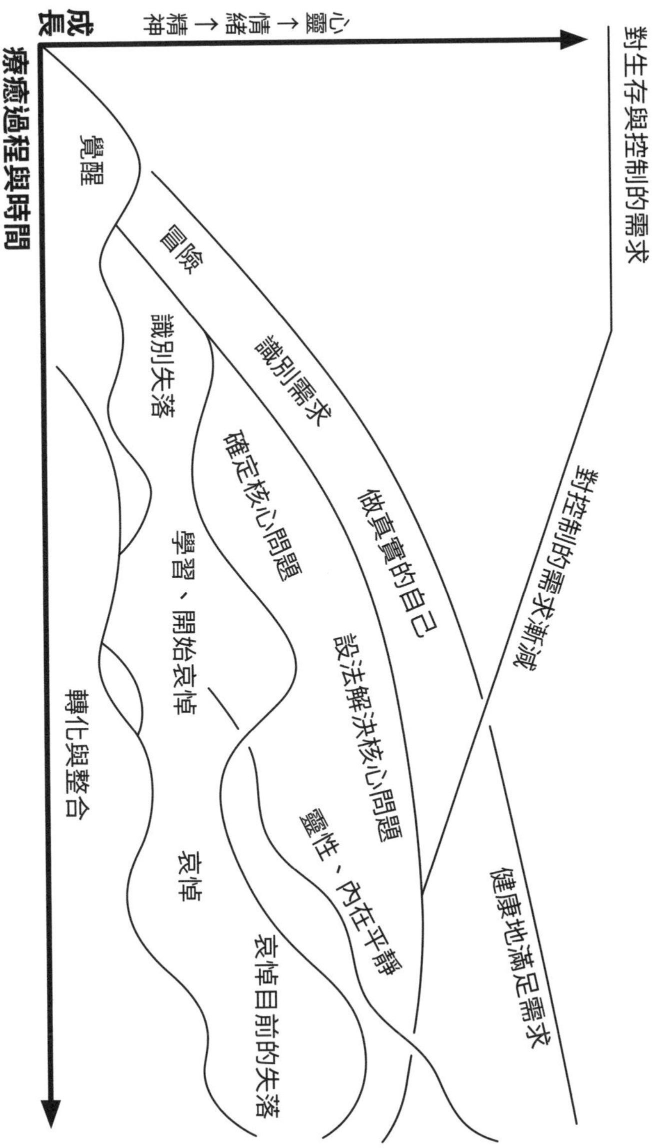

圖3◆內在小孩的療癒過程

療癒內在小孩的過程通常不是線性發展，而是往往如圖3那樣，以波形、圓形、螺旋形的方式發展，每當我們整合一個故事（也就是人生故事的某段「插曲」）後，我們就可以自由地創作更新、更重要、更真實或坦率的故事。這份真實與坦率，和我們做真實的自己有關。隨著我們在生活中進步、成長，我們也會創作出越來越重要的故事，再將每個故事整合進生活中（見圖4）。

在我們治癒、整合、成長的過程中，時常會有好像退化了的感覺，似乎進度倒退或故態復萌。我們獲得的一切，好像又再度失去了，令我們困惑、絕望和痛苦。這是我們的故事和人生的關鍵點，是我們進一步學習內在小孩的機會。倘若我們繼續去感受，繼續體驗此刻、當下，那麼即使看似失去所有，我們也有可能再次領悟到，解決痛苦的方法就是走過痛苦。我們藉由置身痛苦之中，將自己的故事告訴信任的人，來幫助自己克服痛苦。

獨自體會痛苦和喜悅也對我們有助益。我們說不定會在獨處的時候，思考生命中是否有比我們更強大的力量。儘管這麼做可能有困難，但如果我們有足夠的勇氣，就能夠以謙遜和順服的心態，向自己說出：「倘若更高力量真的存在，請幫助我吧。」

現在，我們已經很熟悉這個過程了。那不僅是我們的故事，也是要在我們有所失落時，辨識出我們的失落，為其哀悼。在我們哀悼失落、講述故事的時候，我們就可以思考新的可能性，有時可以退後一步觀察。當我們再後退到更遠之處，加以觀察，就會看出許多故事的模式：起起伏伏，或是成長，或是退化，不過整體說來，方向一直都是往上（圖5）。最終，這就是我們康復成長的過程。

我們還小的時候，為了在特殊的環境中生存，不得不忍受不適當的對待。如今，我們不再需要忍受這些對待，我們擁有選擇。

◈圖4　共同創造我們的故事（每個圓圈都是一個故事）

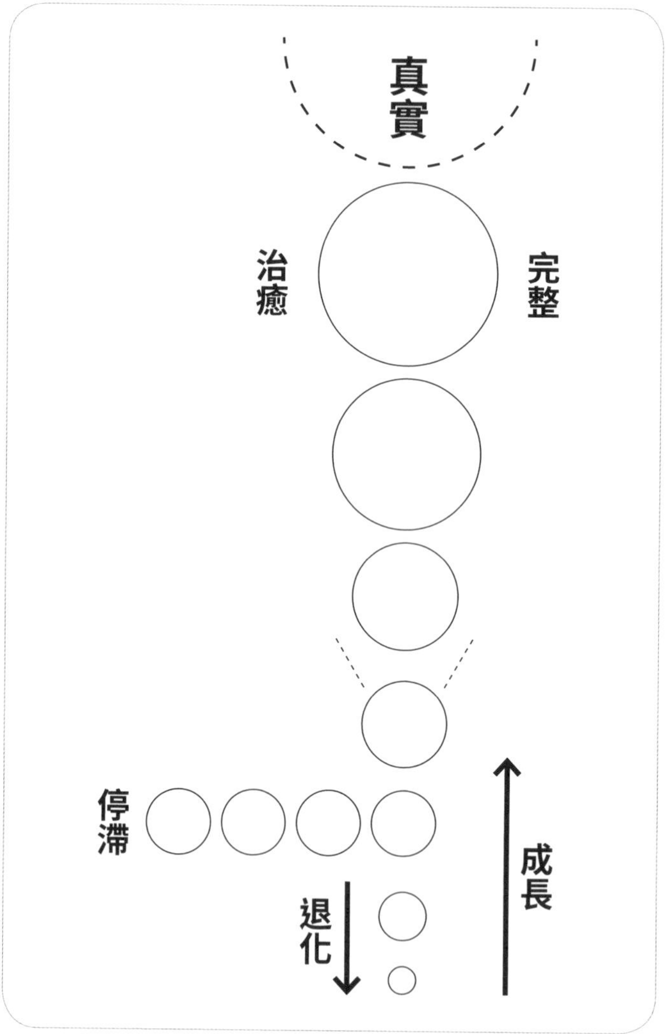

◆圖5　透過體驗、講故事和觀察，所進行的療癒與成長

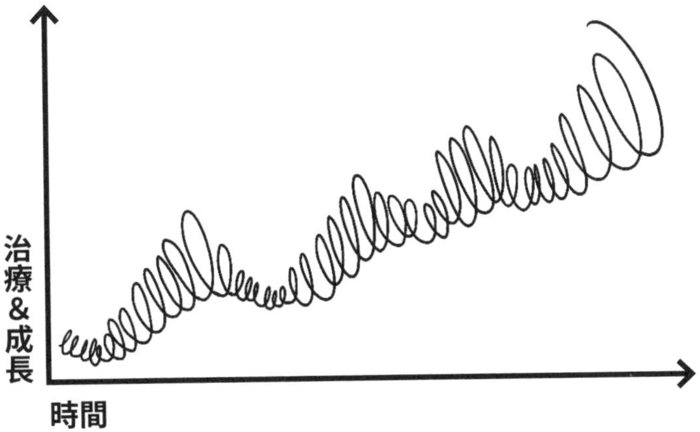

在完整的療癒過程中，整合經常是在過了三到五年之後來臨。當壓力出現，打擊了我們，讓我們再次感覺自己回到了倖存階段時，如今的我們能夠迅速覺察、確認核心問題、快速通過轉化階段，提醒自己看清目前的狀況，避免受到不平等的對待，告訴自己，我們確實擁有界線跟選擇。我們不再需要浪費精力否認現實，因為，現在我們有辦法察覺、看清事情的本質。相較於過去，我們受困的時間非常短暫。

我們不再需要停下來，刻意去思考發生了什麼事——雖然這麼做也沒問

題。現在，我們可以迅速採取行動。我們找回了真我，有能力隨自己喜歡做真實的自己，也有能力決定在某些情況、或是在某些人身邊時，不要表現出真實的自己。當我們真的經歷了失落事件，感到害怕、生氣或產生退化作用，我們便再度走上同一個過程的循環，只不過有時快，有時慢。

我們適度地與他人建立界線和限制，假如別人持續欺凌、忽視我們，我們要不是表明：「不，你不能再那麼做」，不然就直接離開。我們不再站在雨中，卻假裝沒有下雨；我們不再是受害者或受苦者。

到目前為止，療癒內在小孩的旅程，可以用以下這首波西雅・尼爾森所寫的詩總結。

人生五章

1

我沿著這條街，走著。
人行道上有個深坑。
我掉落坑中。
我迷失……我絕望。
　這不是我的錯。
我花了彷彿一輩子的時間，才找到出路。

2

我走在同一條街上。
人行道上有個深坑。
我假裝沒看見。

3

再度掉落坑中。
我不敢相信自己又重蹈覆轍。
　但，這不是我的錯。
我依然花了很長的時間才爬出來。

我走在同一條街上。
人行道上有個深坑。
我看見了。
仍舊掉落坑中……出於習慣。
　我的眼睛睜著
　我清楚自己在何處。
這是我的錯。

我立刻爬出來。

4

我走在同一條街上。
人行道上有個深坑。
我從旁繞過。

5

我改走另一條街。

第14章 靈性的角色

在療癒過程中，靈性的應用範圍非常廣闊，因此在這個簡短的章節，我只能描述一小部分。不過，靈性在療癒內在小孩這方面非常有幫助——有些人甚至認為，靈性在這個領域極為關鍵。

靈性是療癒的最後「階段」。但說來矛盾的是，靈性永遠不會只是一個階段，因為靈性是持續不斷的過程，貫串我們的痛苦、療癒到找回寧靜。

定義靈性

按照或許最簡明的定義，靈性指的是我們與自我、其他人以及宇宙的關係。靈性有幾個重要的特點，其中之一是自相矛盾，看似截然相反的情況、事物或經驗，融洽地共存在一起。舉例來說，靈性既隱微又強大，如同呼吸一般。我們每天四處走動，大部分時間甚至沒意識到自己在呼吸，然而呼吸的作用非常強大，我們要是停止呼吸，就會死亡。

靈性是屬於個人的。我們每個人都必須憑一己之力，以自己的方式，來找回靈性。靈性極為有用，能夠處理一系列的人生問題，例如學習基本的信任，或是擺脫痛苦。另外，靈性是經驗取向的，想要領會、發揮和了解靈性，我們必須親身體驗。我們無法憑藉智力或理性來了解靈性，靈性是不可知的，只可存在。

靈性難以描述，其範圍之遼闊，即使我們讀遍世上偉大的聖賢書，聽從所有偉大的心靈大師，仍無法徹底了解。靈性包容、支持一切，來者不拒。這裡是宗教組織可能踏入的範疇，因為宗教組織是靈性的一部分。所以，儘管靈性並非宗教組織，但靈性包容、支持宗教，也超越宗教。

靈性具有療效，能夠引導我們成長，最終能令人感到愉快和滿足。在這本書中詳述的發現、療癒之旅，最終其實是一趟心靈之旅，雖然我們一開始通常不會這麼認為。當我們進入每一個療癒階段，設法通過，便移往下一個階段，但我們從一個階段移到下一個之後，並不會捨棄或消除上一個階段，而是超越過去。這麼說的意思是，我們仍然以恰當、自然的方式，尊重自己的上一階段，加以善用，但此刻的我們已然是根據全新層次的意識、覺察和特質，幫助自己待人處事、過日子。這些意識的層次，類似幾種不同的靈性道路模式。

靈性道路

一九四〇及一九五〇年代，馬斯洛記述了人性需求層級（見表10）。這些人性需求的發展，從基層到頂層分別是：❶生理、基本機能或生存；❷安全；❸歸屬與愛的感覺；❹自我實現，也就是了解真我，對真我感到自在；❺超越或靈性，亦即充分實現真我。這些與第三章及表2提到的需求類似，表2裡列了更詳盡的人性需求；這些需求也和本書闡述的發現及療癒內在小孩一致，並且與一個人的覺察力（或意識的層次）相互呼應。

隨著我們學習各種方法來考慮、構想、籌劃療癒之旅，我們會發現，這些方法都很類似，搞不好甚至是同樣的旅程，只是著眼於稍稍不同的方向。這三種方法也類似十二步驟康復計劃的途徑：從持續惡化的成癮問題、共依存症、暴食或其他痛苦中倖存，承認問題，然後將我們的孤立狀態轉為分享。隨著我們取得進展，接下來就是自省、宣洩、人格改變，然後是改善關係、幫助他人，最後找到寧靜。

◈表10　人性需求、發展與意識的層級

馬斯洛的需求	療癒內在小孩	意識的層次
		一體
	發揮靈性	
		同情
超越		
	整合	理解（創造力，自然而然知道）
自我實現	轉化	歷經衝突之後接納（核心）
	處理核心問題（探索）	「力量」（心智、自我、「本體」）
歸屬感與愛	覺醒（及時覺察）	
安全		熱情（情緒、基本性欲）
生理	生存	倖存（食物、庇護、安全、疾病）

當我們在療癒內在小孩的過程中成長，我們會留意到，內在小孩不會只限於一到二層的特質、覺察或意識，而是同時存在於這七種層次，如表11所示。

◈**表11　內在小孩的特質、覺察或意識的層次**

無助嬰孩
情感豐沛的小孩
思考推理的小孩
掙扎、成長的小孩
富有創造力的小孩
富有同情心的小孩
無條件關愛的小孩

無助的嬰孩

從表11當中，我們會注意到，內在小孩有個層次是無助的嬰幼兒，想要、需要受到照顧和養育。當我們通過發展階段，我們首先需要關愛、照顧和撫育，唯有這些需求獲得滿足，我們才會準備好前往發展的下一階段。很多受忽視或虐待的孩童，就是這些需求未能得到滿足，所以沒有完成這個層次的發展。療癒的功課之一，是學習讓自己的需求獲得滿足，讓我們可以再次通過這個階段，形成循環，從而完結我們本來在這個階段未完成的發展。

我們也發現，只有一個人能保證我們得到需要的照顧，也就是我們自己。可是，我們需要的並非處於假我狀態的自己，而是完全找回內在小孩的自己。內在小孩既是撫育我們的人，也是亟需受到撫育的無助孩子。我們是自己的照顧者，我們必須確保自己得到所需的一切。也許有時候，我們必須請別人幫助，才能取得所需，但大致說來，能夠照顧我們需求的人，只有我們自己。自我需求可參考第四章的表2。

情感豐沛的小孩

情感豐沛的內在小孩擁有豐富的感覺和情緒。如同內在小孩的其他六層特質，情感豐沛的小孩與其他每一層互相聯繫，如果我們需要注意某件事，情感豐沛的小孩會通知我們，讓我們多留心那些可能不太對勁的事（比如真正的危險或傷害），或是愉快的事，也可能是會激起我們對於過去事件的情緒反應的事。無論是哪一種，我們現在都要留意。

思考推理的小孩

思考推理的小孩與自我、心智或本性有關。很多人可能誤以為，這個小孩就是我們的「本體」，也時常錯認這就是「力量」所在。然而，思考推理的小孩只不過是我們的一部分。

在真我之中，思考推理的小孩或許是與假我最直接相關的部分，甚至可以說兩者是朋友。最主要的是，思考推理的小孩了解假我，在我們需要假我時，思考推理的小孩能夠與假我合作。許多人誇大或過度發展了思考推理的小孩和假我。

在逐漸療癒自己時，我們會發揮其他幾種內在小孩，變得更加協調、整合、具有個性、更完整。

掙扎、成長的小孩

掙扎、成長的小孩等於是「核心」層次的意識，是達到高我、實現內心寧靜的關鍵。掙扎、成長的小孩是高我與低我之間的連結，在某種程度上，可以用「歷經衝突之後接納」來形容。意思是，如果要接納「發生的狀況」，首先就要確認或開始有意識，接著設法克服痛苦或享受樂趣，最後與發生的狀況和平共處。這類似哀悼過程，也類似原諒↓交出去↓超脫↓放手的過程，以及講述自身故事的過程。掙扎、成長的小孩就是利用這些過程，來接納與成長。

富有創造力的小孩

你有沒有這樣的經驗：你察覺或知道某件事是真的，或是正確的，根本不需要任何理性的解釋來證明？富有創造力的小孩就是利用男人愛說的「預感」或「本能反應」，以及女人常說的「直覺」，來協助我們生活。這是我們內心中，自然而然、天生就知道某些事的小孩。在生活中，想法、靈感、創意的火花，常常透過富有創造力的小孩傳達給我們。或許可以說，大多數偉大的藝術作品、科學成就、文學和戲劇作品，都是源於富有創造力的小孩。

然而，假我有時會偽裝成富有創造力的小孩，用虛假的「直覺」誤導我們；所以，我們最好確認一下浮現的靈感或直覺，假如行得通，很可能是源於富有創造力的小孩。倘若行不通，就可能是出自假我。

富有同情心的小孩

傾聽別人的故事時，你是否曾經內心受到觸動，或感動得眼中泛起淚水？可是，儘管你知道他們正在受苦／經歷過痛苦，或是經歷過喜悅，你也很明白，想要解救他們、試著改變他們並沒有幫助？產生這種經驗時，我們就直接接觸了自己富有同情心的小孩。事實上，在這個瞬間，我們就是富有同情心的小孩。

富有同情心的小孩就像是熱情小孩的鏡像，熱情小孩可能想要試圖改善、拯救或改變另一個人。我們或許已經注意到，富有創造力的小孩是思考推理小孩的鏡像，無條件關愛的小孩是無助嬰孩的鏡像（表11）。

無條件關愛的小孩

對很多人來說，最難理解也最難成為這個小孩。我們或許在成長階段受到嚴重的虐待，還有一些人至今仍在受虐，因此我們無法無條件地愛任何人，包括我們自己。因為這如此的困難，也因為我相信無條件的愛是受創成年子女最核心的復原問題，所以我會較詳細地討論。

愛與無條件的愛

感到自卑，自覺天生有缺陷、缺乏價值，是曾遭受不當對待的我們所共通的經驗。這樣的心態，也常見於那些有成癮情況（如酒癮、藥物依賴）、飲食失調的人，或是經常覺得自己是受害者的人。這與幾個重要因素有關，包括從小到大反覆受創，或是無力控制酒精、藥物、飲食、別人或任何事物，讓我們相信自己就是不配接受愛。

與其相信我們不配接受愛，我們可能轉為相信自己不需要愛，接著又轉變為「我不想被愛」，最終變成「無論是誰給我愛，我要一律拒絕」。我們最後「凍結了情感」，或是無力去充分體驗感覺和情緒，尤其是愛。

我們經常在療癒過程中，體驗到自助團體、治療團體、諮商師、信任的親友給予自己無條件的愛，這時才開始感受到愛的療癒效果。的確，愛是所有的資源中最具療效的，受到如此的關愛，我們過了幾年就能完成療癒，並保持健康，然後開始關愛別人作為回報。

很多人都有的問題是，我們時常認為愛是有限的，或是獨立存在的經驗，諸如「墜入情網」或迷戀。在療癒中，我們會學到，愛不只是一種情感，更是一種能量，體現在承諾上，也讓我們願意為了促進自己或他人的成長而竭盡全力，包含身體、精神、情緒和心靈等各方面的成長。

隨著我們在療癒過程中逐漸成長，我們開始明白，愛有好幾種不同的類型。我根據七個意識層次，在表12中概述了這些不同的愛。藉由這個觀點，可以看出在低我的層次，愛是渴求、「相互吸引」、迷戀、占有、傾慕或甚至是崇拜，簡言之就是傳統的浪漫愛。許多成長於問題家庭中的人，和曾經壓抑內在小孩的人，是停留在這個較低層次的愛。療癒內在小孩的過程中，我們會終於發現更高層次的愛，也設法達到更高層次，包括在衝突中關懷、寬恕、信任、致力於自己和喜愛之人的成長、無條件的同理心和接納、純粹的身心平靜。藉由確認、體驗和放手，配合靈性，我們會逐漸對每個人的愛敞開心胸。

最後我們了解，我們所理解的更高力量，其實就是用愛來治癒自己。團體治療、諮商、交友、冥想、祈禱等活動中，最具療效的就是愛。我們不必再害怕愛、逃離愛，因為我們知道，愛就在我們心中，是內在小孩的核心，也是具有療效的要素。

觀察我

隨著我們在療癒時逐漸進化、成長，我們會發現，有一部分的自己處於內在小孩的高我附近，能夠退後一步，留意、目擊或觀察生活中發生的狀況。舉例來說，很多人體驗過，在心情大為沮喪時脫離了自己的情緒，到達某種程度後，發現自己竟然正在觀察難過中的自己。人有時會出現彷彿靈魂出竅的經驗，能夠看見自己正在難過。我們可以藉由練習引導式或全現心像法，來能提升這種能力。

閉上雙眼，將擔憂的事件化為具象，或者相反地化為想像，就此設想出化解沮喪的方案。在冥想時，也可以進行這種練習。

戴克曼（Deikman）等人將這個強大、自由的部分，稱為觀察者或觀察我（observing self）；西方心理學文獻稱之為「觀察自我」（observing ego），卻沒有探究這個「自我」的特殊性質，及其隱含的「了解自己」的意義。因此，西方心理學文獻一直沒有掌握到觀察自我的意義和重要性。

◆表12　不同人類意識層次的愛、真實、療癒及力量（1~3代表低我的層次）

	意識層級	愛	真實	療癒	力量
1	倖存	渴求	科學	身體方面	體力
2	熱情	「相互吸引」	知覺	培育	操縱
3	心智／自我	崇拜、占有	體驗、信念	預防、教育、心理方面	主張、說服
4	接納／核心	寬恕	寬恕	寬恕	寬恕
5	理解	致力成長	創造力	正確的決定	智慧
6	同情	無條件的同理心和接納	愛與接納	愛與接納	愛與接納
7	一體意識	平靜的身心	平靜的身心	平靜的身心	平靜的身心

觀察我占據治療的中心位置，如圖6所示，這張圖顯示了自我（或「客我」）與觀察我之間的關係。自我關係到思考、感覺、行動、渴望，以及其他為了求生的活動。這個自我概念年代較早、較不實用，同時包含了假我與真我的概念。不過，觀察我（這是我們本質的一部分）是正在觀察假我與真我的自我，可以說，就連我們在觀看時，觀察我也在觀察我們。觀察我是我們的意識，是內在小孩的核心體驗。因此，就我們所知，世上任何東西或任何生物都無法觀察到觀察我。觀察我超越我們的五感、假我，以及所有層次較低但必不可少的我們。

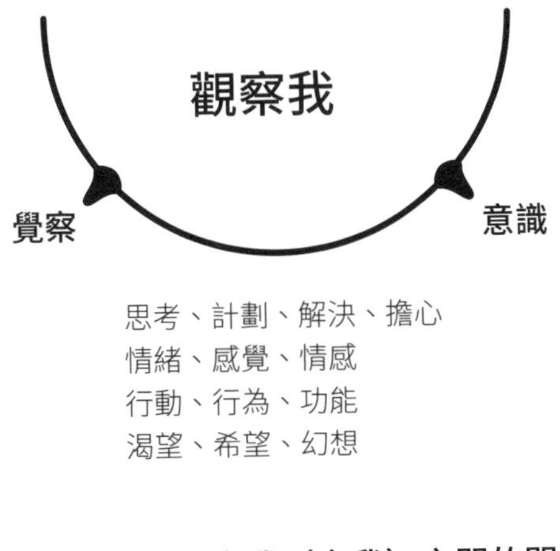

◈ 圖6　觀察我與自我（客我）之間的關係
彙整自戴克曼（1982）

如果是受過創傷的成年子女，也許會將觀察我與用來逃避真我的防禦手段混為一談。這類防禦手段可以稱為「假觀察我」，因為它的覺察受到蒙蔽、混亂不清。假觀察我使人「失去方向」、「麻木」，無法聚焦觀察，否認、曲解內在小孩，時常喜歡挑剔。相比之下，真觀察我的覺察較為清楚，觀察更加精確，而且易於接納。兩者的差異概述如下：

◆真、假觀察我之間的差異

	真	假
覺察	清楚	混亂
焦點	觀察	「失去方向」、「麻木」
感覺	精確觀察	否認
態度	接納	挑剔

一旦擴展意識，我們很快就能察覺，自己在一齣更恢弘的戲劇中扮演什麼角色——我們稱之為「宇宙劇」。藉由觀察自己演出的戲碼，我們會開始了解，當我們意識到自己「真的堅持了下去」，這時就是靠著觀察我，才能憑想像力退後一步，觀察接下來的發展。在這麼做的時候，我們經常能發揮「幽默」這個強大的防禦手段——取笑自己把一切看得太過認真。

戴克曼曾說：「我們的思想和感官知覺構成了一個客觀世界，但觀察我並不屬於其中，因為觀察我沒有極限，其他的一切則有極限。日常意識中包含一種超然的元素，我們很少留意到，但這個元素正是經驗的基礎。使用「超然」這個詞是很有道理的，因為假如主觀意識（也就是觀察我）本身無法被觀察，而是永遠處於意識的範圍外，那麼很有可能是位於與其他事物不同的階層。當我們明白，觀察我毫無特色時，它這種與其他事物相異的性質就會變得顯而易見。觀察我不會受到世界的影響，一如鏡子不會被自己反映的影像所影響。」

隨著觀察我越來越顯著，我們的低我或客我往往就會減退。與低我的密切關聯，經常伴隨著痛苦和疾病。但是，我們通常需要先建立起堅強、靈活的自我（這是療癒內在小孩的一環），才能更長期地轉移至觀察我。

實現內在的寧靜

當我們越來越熟悉觀察我和靈性的療癒力量，就可以開始構築一條實現寧靜、平和與快樂的路徑。

通往寧靜的途徑

1. 我們對自己的旅程充滿無知，我們的見識有限（謙遜）：我們可以研究世上的普遍「法則」，盡可能做到這些法則，順服於自己對知識的缺乏。鑒於這些侷限，數百年來的智者記述了如下的事：

2. 更高力量存在於每個人之中，我們屬於更高力量的範疇內。

3. 我們可以將現實視為具備不同層次的覺察、意識或特質。

4. 我們就要回到「家」了（我們已經在家，也一直都在）。在這世上，家意味著以自己獨特的方式，存在於所有層次的覺察或意識中。

5. 回家將會引發衝突。這種衝突或富有創造力的緊張關係，對我們而言能夠發揮某種意義的幫助，或許會是條回家的路。

6. 我們擁有選擇。我們可以利用身體、自我／心智，以及在世上的關係，來強化分離與折磨；也可以將這些當成讓我們的靈魂、心靈或高我回家，並且慶祝返鄉的工具。

7. 更高力量（家）就是愛（愛或許是幫助我們認識更高力量最有用的方法）。

8. 要移除障礙，可以藉由體驗（包括活在當下）、記憶、寬恕和放棄，來領悟更高力量。

9. 分離、折磨與邪惡，是對愛欠缺了解，所以最終會是錯誤的。分離、折磨與邪惡，也是我們尋求愛、完整與家的表現形式。因此邪惡或黑暗終究是為光明服務。

10. 我們憑自己的信念、思想和行動，來創造自己的故事。我們的腦子和內心所相信、思考和感覺到的，通常會展現在經驗和生活中，付出什麼就會得到什麼。存乎中，形於外。

11. 生活是體現我們的過程、力量或流程。我們並不實踐生活。當我們聽從生活，順著生活的變化過程而行，負起責任參與生活，我們就成為共同創造者。這時，我們就能擺脫因為抗拒生活流動而來的痛苦。

12. 內心平和或寧靜的境界，是了解、實踐、做到以上的一切。我們最終會發現，我們已經回到了家，內心寧靜，而且一直如此。

以上有些原則，就體現在詹姆斯的個案中。詹姆斯是個四十二歲的男人，成長於酗酒家庭中，他父親持續酗酒，母親通常擔任安撫父親的共依存者。儘管詹姆斯成年後並沒有酗酒行為，他卻逐漸意識到，自己極度困惑和痛苦。最後，他加入酗酒者親屬的自助團體，花了大約六年，總算有些改善。他描述了這段療癒過程中，心靈方面的重要性和意義：

這些年來，我參加了很多為酗酒者親屬開設的自助團體聚會，大概一星期一、兩次。我真的很想要療癒自己，但是儘管我一直有動力繼續參加聚會，卻似乎沒有真正康復。我一直以為堅強很重要，我認為堅強等於獨立，對我而言，意思就是不要說太多。我相信我能夠憑一己之力復原，不需要任何人的幫助。我把軟弱和信任、屈服、依賴……所有我視為病態的東西都畫上等號，我認為具有這些特性的人生了病，自覺比他們健康，或是莫名地比較好。如今回首過去，我想這一切大概是必要的防禦手段，讓我能繼續參加聚會，卻不會被自己潛藏的感覺和必須做的改變給壓垮。

那段期間，我在聚會中認識了一位女性，她非常傲慢、不快樂。我很討厭她，所以盡量避開她參加的那些聚會。

我覺得她根本沒希望了，我的狀態肯定比她好。後來，我看見了她的改變，她開始擺脫傲慢的態度，對我和其他人更友善了，似乎變得很快樂。儘管我不願意承認，因為我從來都不欣賞她，可是我很羨慕她那麼正向的改變。我也想要這種正向的改變。可是，她現在也把「更高力量」掛在嘴邊，而我向來無法理解那是什麼。

所以，我開始思考她發生了什麼事，我該怎麼獲得平靜或快樂。這件事開始占據我很多心思，我活了四十年，一直都很不快樂又困惑。我開始讀心靈書籍，開始做一些改變。或許我變得比較真誠和謙卑了，幾個月後，我經歷了某種轉化，這種轉化花了兩個星期，而且是突然發生在我身上。我的態度變了，我放下了對我父親和其他人的怨恨。當然，過去我已經費了不少工夫處理自己的憤怒、其他情緒跟別的問題。我開始真正相信更高力量，這是我以前從來做不到的。我將健康重新定義為快樂，再將快樂重新定義為需要他人、尋求他們的幫助。這個作法讓一切都不同了。

詹姆斯的故事，闡明了實現寧靜途徑的幾個原則。首先，他經歷了衝突和掙扎（#5）；面對他討厭的女人，他把自己的掙扎當成靈性成長的工具（#6）；他意識到自己的衝突和痛苦，開始接觸靈性（#8）；他祈求自己想要的事物，態度誠摯而謙遜（#10），順服於生活（#11）；最終，他發現他所尋求的不在別處，而是在他自己的內心（#12）。

按照傳統或普通的看法，要獲得寧靜、內心平和或快樂，通常要尋求樂趣或避開痛苦，或是兩者兼用。如果是要尋求快樂，方法有享樂主義式的尋求，也有全心專注在他人身上（結果可能導致共依存症），或是「做個好人」等待日後在天堂獲得平靜。如果是要避開痛苦，我們也許會試著忽視痛苦、脫離痛苦、躲避任何可能產生衝突的狀況。我們不妨問：「尋求快樂或避開痛苦，是否曾經帶給我們持久的平和、快樂或寧靜？」當我向他人和自己提出這個問題時，答案通常是否定的。

面對這個狀況，我們的一種反應是對於自己無法快樂感到受傷、怨恨，並將痛苦投射到別人身上。第二種反應是，我們可能開始觀察整個過程，在不快樂的時候觀察假我的「自我收縮」。如此一來，我們就能看出快樂並不是我們可以獲得的東西，確切地說，快樂、平和或寧靜是我們的自然狀態。在我們的感受和體驗之下，在我們的自我收縮之下，寧靜就在那裡。為了實現寧靜，我們什麼都不需要做，甚至可以說無能為力，即使我們成績單上全部拿A，擁有三輛名車或萬貫家財，跟真命天子或天女結婚也沒用。我們沒有任何辦法可以獲得或達到快樂，相反地，快樂是我們與生俱來、一直擁有的。

對於受過創傷的成年子女而言，接受這個概念也許很困難。倘若如此，我也能夠理解。在療癒內在小孩的過程中，我們會越來越容易領悟到，我們早就是快樂的了，也一直很快樂。

有些讀者可能會懷疑「靈性」這個概念，有些可能會覺得困惑，也可能有些人毫不相信，甚至覺得「作者肯定瘋了」。相較之下，有些人可能會在閱讀中找到慰藉，有些人可能在此發現許多有用的資料。無論你的反應為何，請順從自己的反應與直覺，在你覺得合適的時機，認真思考、與人討論，挑選適合的部分來用，其餘的不妨忽略。靈性對我來說很管用，我也見過靈性對數以百計想要療癒內在小孩的人產生作用。

附錄

附錄一　當父母處於哪些狀況，容易扼殺孩子的內在小孩？

父母、其他扮演家長角色的人、人生中的密友，如何幫助我們滿足自己的眾多需求呢？一般而言，要做到這點，他們自身的需求必須在童年時期獲得滿足，或者在成年後療癒過自己的內在小孩，並從中學會讓他們的需求得到滿足。

可是，某些情況可能會阻礙需求獲得滿足。父母和家庭中的情況越匱乏、越嚴峻或越嚴重，孩童的需求就越不容易得到滿足。這些家長遭遇到的狀況列在表A中，「家長」一詞指的不僅是父母，也包括兄弟姊妹和其他人，在年齡較大的孩子（以及成年人）的生活中，指的是任何親近的、或是其他具有影響力的人。

◈表A　在不健全家庭中，影響成年子女的家長狀況

酒癮
藥物依賴
共依存症（精神官能症）——見表B
長期精神疾病和失功能的身體疾病
極度嚴格、苛刻、挑剔、缺乏慈愛、苛求完美、信心不足
虐待兒童（包括身體、性、精神、情緒、心靈等方面）
其他的情況（例如與創傷後壓力症候群相關的症狀）

酒癮、藥物依賴等成癮行為

酒癮或藥物依賴，可定義為由於牽涉到酗酒或用藥，而屢次出現的麻煩、問題或障礙。問題也許會發生在一個以上的領域，包括關係、教育、法律、財務、健康、心靈和職業。

在酗酒家庭中，子女和其他家庭成員往往沒意識到，家中有成員已形成酒癮或依賴藥物。布雷克（Black）曾估計，在酗酒者的成年子女中，近半數否認父母有酗酒問題；有些子女本身也開始酗酒或依賴藥物，在這些人之中，高達90％都不承認父母有酗酒問題。當事人像這樣未能察覺家中混亂的主要根源，會導致他們廣泛、無益、不必要地接受現狀，也造成家庭成員普遍感到自責和內疚。

如果你懷疑父母或親戚有酗酒或用藥問題，或者是關心家人的相關情形，可以回答以下的家人酗酒調查，會對你很有助益。倘若你已經不是和那位家人同住，或是他們已經去世，在回答問題的時候，請假設你們仍然同住；如果你關切的是用藥問題，就以「用藥」取代問題中的「飲酒」。

家人酗酒調查

1 在你家中，是否有人在飲酒過量時，會性格大變？
● 是 ● 否

2 你覺得，對這個人而言，喝酒是否比你更重要？
● 是 ● 否

3 酗酒對你家庭造成的影響，會不會令你自怨自艾？
● 是 ● 否

4 家人是否曾因過度飲酒，毀了特殊的場合？
● 是 ● 否

5 你曾經收拾或包庇別人飲酒的後果嗎？
● 是 ● 否

6 你曾經因為家中有人喝酒，而感到愧疚、抱歉或是應該負起責任嗎？
● 是 ● 否

家人酗酒調查

7	曾經有家人因為飲酒而引起紛爭嗎？	●是　●否
8	你是否曾經由於想要對抗飲酒的人，自己也開始飲酒？	●是　●否
9	家人的飲酒習慣讓你感到沮喪或憤怒嗎？	●是　●否
10	你的家庭是否因為飲酒而導致財務困難？	●是　●否
11	你是否曾經覺得，家庭生活都不快樂是因為家中有人喝酒？	●是　●否
12	你是否曾經試圖控制飲酒者的行為，例如偷藏車鑰匙、把酒倒進排水管……等等？	●是　●否

家人酗酒調查

13	你曾經因為這個人喝酒，忽略了自己該做的事嗎？	●是　●否
14	你會不會常常擔心某個家人喝酒？	●是　●否
15	每次假期，是不是都因為家人喝酒，變得比較像是惡夢，而不是可以慶祝的場合？	●是　●否
16	喝酒的那位家人，他的朋友是否多半是酒鬼？	●是　●否
17	你是否曾經為了隱瞞家人飲酒，向雇主、親戚或朋友說謊？	●是　●否
18	在家人喝酒時，你應對他們的方式是否有所不同？	●是　●否

家人酗酒調查

19 你是否曾經為飲酒者的舉動感到尷尬，或是覺得需要道歉？
● 是　● 否

20 家人的喝酒習慣，是否讓你擔心自己跟其他家人的安全？
● 是　● 否

21 你是否想過你的家人有酗酒問題？
● 是　● 否

22 你是否曾因為家人飲酒而失眠？
● 是　● 否

23 你是否曾鼓勵家人停止喝酒或少喝？
● 是　● 否

24 你是否曾因為家人喝酒，威脅要離開家庭或離開那個人？
● 是　● 否

家人酗酒調查

25 你的家人是否曾經因為喝酒而失信？
- 是
- 否

26 你是否曾經希望找一位可以理解你的處境、也能協助你處理家人飲酒問題的人，跟他談談？
- 是
- 否

27 你是否曾經因為擔心家人飲酒，感到不舒服、想哭或胃揪在一起？
- 是
- 否

28 你的家人是否曾經記不清喝酒時發生的事？
- 是
- 否

29 如果某個社交場合不供應含酒精飲料，你的家人是否會推辭不去？
- 是
- 否

30 你的家人喝完酒後，會不會感到懊悔，並為他的行為道歉？
- 是
- 否

家人酗酒調查	31
	自從你認識這位酗酒者之後，如果你經歷過任何症狀或神經系統的問題，請寫下來。

本問卷改編自酗酒者子女篩選測驗（Children of Alcoholics Screening Test）、霍氏家庭問卷調查（Howard Family Questionnaire）、酗酒者家屬團體的家庭酗酒測驗（Family Alcohol Quiz）。

上述問題中，如果你有任兩題回答「是」，那麼你的家人很可能有酗酒問題。

上述問題中，如果你有四題以上回答「是」，表示你家人肯定有酗酒問題。

共依存症——我們時代的精神官能症

第二種問題是共依存症，最初在一九七〇年代被稱為「共酒癮症」。從一九八〇年代起，共依存症更加包羅廣泛，包括了我在表B中列出的五種定義。

共依存症是種失去自我的情況。在惡性循環中，共依存症會扼殺我們的內在小孩，它既會促成表A中的所有狀況，也是這些狀況所導致的結果。

我們可將共依存症定義為：由於將全副精力放在他人的需求和行為上，因此引起的痛苦或失功能。共依存者非常關注、甚至是全神貫注於生命中重要的人身上，忽視了自己的真我。如雪芙（Schaef）在她的著作中所說，共依存症是個會導致「失去生氣」的過程，並且逐漸惡化。

共依存症在一般人身上相當常見，會模仿、影響、加劇諸多症狀。如果我們將自己生活和快樂的責任，轉移到假我／自我跟別人身上，就可能會發展出共依存症。

◈表B　共依存症的定義

1	2
……一種後天習得、過度依賴他人的行為、信念和感覺模式，造成生活痛苦。當事人依賴自己以外的人事物，忽視自己，到了自我認同極低的程度。 史莫利（Smalley, S）	……在情緒、社交（有時也在生理方面）過度關注並極度依賴某個人或物品。最後，這種依賴變成了病態的狀況，影響共依存者的其他所有關係，其中可能包括……所有❶愛上酒鬼或與其有婚姻關係的人；❷父母或祖父母中有一位以上酗酒的人；或者❸在情緒壓抑的家庭中成長的人……這是原發性疾病，是酗酒家庭中每個成員心中的病。 魏士德—克魯斯（Wegscheider-Cruse, 1985）

3	4	5
……由於和有酒癮、其他藥物依賴或慢性損傷的人同住、共事、相處，造成的不健康、適應不良或有問題的行為，這些行為影響的不僅是個人，而是家庭、群體、公司和其他機構，甚至整個社會。 惠特菲爾德（1984、1986）	……由於一個人長期接觸、實行一套壓制的規則，發展出一套情緒、心理和行為的應對模式。所謂的壓制規則包括：禁止坦率表露情感、禁止直接討論個人和人際方面的問題等等。 薩比（Subby, 1984）	……一種有許多形態和表現方式的病症，源自於一種病程……我稱之為成癮過程……成癮過程是不健康、不正常的病程，當事人的設想、信念、行為、缺乏靈性的自我覺察，將導向「失去生氣」的過程，逐漸惡化。 雪芙（1986）

共依存症的發展

共依存症起源於抑制自己的言論、情感和反應，最後，其他人（經常是我們的父母）和我們自己都開始認為，這些言論、情感和反應都是無關緊要的，但事實上，這些東西往往是我們內心至關重要的線索。

通常在這個過程的初期，我們會開始否認家庭中的祕密或其他祕密。由於我們太過專注於其他人的需求，忽視自己的需求，也因此扼殺了我們的內在小孩。可是，我們仍然有感覺，而且經常是受傷的感覺。由於我們持續壓抑自己的感受，越來越能忍受情感的痛苦，我們經常變得麻木。也因為阻絕了感覺，我們無法圓滿地哀悼日常生活中的失落。

上述這些狀況，阻礙了我們精神、情緒、心靈方面的成長和發展。但是，我們渴望接觸、認識自己的真我，我們會學習到一些「權宜之計」，諸如某些強迫行為，讓自己瞥見真我，緩解一些緊繃的情緒。然而，如果強迫行為對我們自己或其他人有害，我們可能會感到羞愧，導致自尊心變低落。這時，我們可能會覺得越來越失控，於是作為補償，我們進一步控制的需求也越來越大。最後，我們也許會無法認清現實、受傷，也經常把自己的痛苦投射在別人身上。

此時，我們的緊繃累積到相當的程度，很可能罹患壓力相關疾病，表現出來的症狀是各種各樣的疼痛、一個以上的身體器官失去功能。這時，我們進入共依存症的後期，說不定還會逐步惡化，面臨極端的情緒波動、難以建立親密關係、長期不快樂等問題。對於那些努力戒除成癮的人而言，共依存症後期可能會嚴重妨礙復原的進展。

共依存症的發展階段可以總結如下：

共依存症的發展階段

1. 壓抑內心的線索，例如我們的言論、情感和反應，認為這些無關緊要。
2. 忽視我們的需求。
3. 開始扼殺內在小孩。

4. 否認家庭中的祕密或其他祕密。
5. 越來越能忍受情感上的痛苦，變得麻木。
6. 無法圓滿地哀悼失落。
7. 阻礙成長（包括精神、情緒和心靈方面）。
8. 為了減輕痛苦、瞥見內在小孩，而出現強迫行為。
9. 越來越感到羞愧，失去自尊心。
10. 感覺失控，控制欲變強烈。
11. 無法認清現實、投射痛苦。
12. 罹患壓力相關疾病。
13. 強迫行為加劇。
14. 逐步惡化：
    - 極端的情緒波動。
    - 難以建立親密關係。

- 長期不快樂。
- 妨礙酒癮／藥物依賴和其他問題的復原。

無論是在共依存者身邊成長的孩童，或者是和他們共同生活、與他們關係密切的成年人，都很有可能因為缺乏自覺、不了解應對技巧，而受到負面的影響。經過本書所描述的過程，我們的真我就會遭到扼殺。

不易察覺的共依存症

共依存症是世上最常造成困惑與痛苦的問題之一，表現形式不易察覺，難以辨識。以下是凱倫的個案史，她是名四十五歲的婦女，父母是共依存者，由於凱倫在他們身邊成長，自己也成了共依存者。

我聽見人家描述酗酒者成年子女的特徵，發現自己有許多狀況相符，所以我不斷在我的家庭背景中尋找酗酒者，卻沒有找到。更深入調查之後，我發現，我的父母兩人都有很多共依存症的特徵。我父親是個工作狂，事業非常成功，可是他從來不把時間和精力花在自己的家人身上。他是我們小鎮的鎮長，我要求他多關心我時，總會感到內疚。在我的成長期間，他很少扮演父親的角色，在我身邊幫助我。我母親是強迫性暴食症患者，不過我當時並不知道。她也不是一個很稱職的母親，就這樣，父母把我訓練成自我犧牲的老好人。

我的兩任丈夫都是酒鬼，我逐漸變得把注意力全部集中在他們身上，忽視我自己的需求，感覺好像快要失去理智了。我不知道該怎麼拒絕別人。我的生活過得很糟，所以我試著去修正，就用我從過去學到的唯一一種方法：工作得更加勤奮，重返大學，變得超級有責任感，強迫性地過度活躍。這樣一來，我變得甚至更加忽視自己的需求，覺得很沮喪憂鬱，程度日益惡化，嚴重到我吞服過量安眠藥。那是我的人生谷底。

在這種絕望的情況下，我去參加了自助團體，每天出席聚會。我非常喜歡參加，到現在，過了六年，我仍然一星期參加一場聚會。我也接受過兩年半的團體治療、幾個月的個別治療，我覺得全都非常有用。回顧過去，我發現療癒自己不僅對我的精神和情緒有益，也對我的心靈大有幫助。我發覺，我最大的問題是和我母親的關係，我連自己應當有什麼感受、該怎麼生活，都是依靠她。我病得太嚴重，甚至無法自己感覺、自己生活，必須倚賴他人。我很氣我母親這點，也氣我父親支持她這麼做，氣他在我需要的時候不在我身邊。我選擇的兩任丈夫，都在不知不覺中鼓勵我持續這些行為模式。我很慶幸我恢復了健康。

凱倫的故事呈現了共依存症一些較不易察覺的表現形式。

慢性精神疾病，或導致失能的慢性身體疾病

慢性精神疾病的程度從隱伏、輕微到明顯、失能都有，其中包含列在《精神疾病診斷與統計手冊》中的任何一種重大慢性精神和情緒方面的疾病。

以下是芭芭拉的個案史，她是位五十六歲的已婚婦女，育有四名子女，在職場上工作。

四年前，我終於尋求協助。我很小就開始憂鬱。在接受治療時，我了解到我母親一直長期憂鬱。我記得在我二十多歲時，她安排我和一個男人約會，但她自己正在跟那男人搞婚外情，當時她和我父親還保持著婚姻關係，也還住在一起，我覺得跟他出去非常噁心。我父親一直很冷淡，對我跟母親很疏遠，後來我母親因為吞了過量安眠藥住院，我才得知，在他們大半的婚姻生活中我父親都不舉。當然，那是「家庭祕密」。從我有記憶以來，我就將父親的疏遠和母親的慢性憂鬱症當成自己的錯，時常感到羞愧和內疚。我靠著聽話、在學校表現良好、把注意力集中在我母親身上，撐過童年。

我擔負起照顧者的角色。十幾歲時，我到圖書館讀遍所有我能找到的心理學資料，企圖治好我的父母。當我接受心理治療，逐漸康復時，我終於想通，我跟母親的界線幾乎合而為一，我差不多每天早上起床，看到母親的心情如何，才知道自己的心情如何。我也明白，父親的冷淡和疏遠跟我小時候多麼乖巧或者我多麼勤奮工作無關，而是他自己的關係。我知道，我不需要再繼續當受害者了。從那時以來，我覺得各方面的情況都好轉了，生活也越來越好。現在，我持續努力擺脫過去的問題。

藉由尋求幫助，芭芭拉意識到，在問題家庭中成長傷害了她的真我，如今，她已步上康復之路。

極度嚴格、苛刻、挑剔、缺乏慈愛、苛求完美或信心不足

很多人的真我受到嚴重的扼殺，卻很難確認或歸類自己所遇到的問題確切屬於哪個類型。舉例而言，要確認家中有人酗酒相對簡單，因為這種行為十分明顯；可是，要辨識不那麼明顯的問題就比較困難。我曾治療過數百位受過其他創傷的成年子女，也觀察過他們長期復原的過程。

凱西是位三十二歲的女性，在問題家庭中長大。她家中沒有人酗酒，但是她參加了自助團體，也經歷了成長，我在那個團體中擔任協同領導員。她代表了人數逐漸增多的「成長於不健全家庭的成年子女」或「受過創傷的成年子女」，這些人的背景、生活、經歷與酗酒者成年子女有許多相似之處，多過相異之處。凱西在治療到大約一半時，寫下自己的人生經歷：

我爸媽極度重視「別人的看法」。在公開場合，我們都維持「完美家庭」的形象，對待彼此都非常親切有禮。在家裡，爸媽就變了樣，不再談笑風生，爸爸無論是肢體接觸、語言、情感上都很封閉，媽媽則是會大吵大鬧來尋求關注。

我總是覺得要為某事「做準備」……永遠有一堆家務要做。我覺得在處理家事時最快樂，因為我有任務在身。我很早就學會控制緊張的情緒，方法是先預想接下來該做哪些事，才能讓媽媽輕鬆點。我刻意避免自己需要從他人得到任何東西，藉此減輕一些壓力。

我爸根本不在家，就算在家也是在睡覺，倒不如不在。我不記得和他有什麼互動，即使有互動，也都隔著一段距離，因為我怕他，雖然他從來沒有罵我或動手打我。我長大後，對我爸沒什麼特別的感情，對我媽卻有非常強烈的情感，我想辦法不讓她費心，不給她添麻煩，設想她會要我做什麼，藉此來「照顧」她。後來，這些又演變成強烈的情緒，我恨她造成我爸和我之間的隔閡。成年以後，我的生活大多在取悅她和反抗她的要求之間搖擺。我在六個小孩中排行第五，爸爸有時候會搞不清楚我是哪一個，這讓我印象很深刻。他成天在外工作，媽媽會強迫性地處理家中的大小事。現在，我正在努力了解自己對父親的感情。我記得自己以前靜靜地過日子，希望沒人看見我，卻又渴望誰能注意到我，任何人都好。我體重過重，總是想減肥，也因為自己的長相，老是想要躲起來。

高中時代，我繼續過著安靜的生活，只要在家裡，我就覺得受到保護，很安全，不想離開家。我不像其他兄弟姊妹那樣出門去運動、看戲、聽演講，這樣的生活模式一直持續到大學。在學校，少了一個安全、能夠保護我的地方，我的體重成為一大問題。我沒有找到人生的方向，念了三所大學，最後只拿到兩年制大學的副學士學位。

成年後，我的生活純粹是為了生存。我沒有能力建立和維繫關係，每個交往過的男人最後都分手了；我搬出去，脫離室友；我和老闆產生個性上的衝突，所以辭職；我潛意識地迴避家人；為了控制體重增加，我反而患了暴食症；我和媽媽絕不可能贊成的男人約會；我開始抽菸喝酒，當成我「獨立自主」的標記。

我長期感到抑鬱、孤獨，強迫性地暴食或節食。我希望別人認為我一切都好，不需要他人的任何東西，但是內心其實非常匱乏，因此每當交了朋友，我總期望能從那個人身上得到滿足。

三年半前，被暴食／嘔瀉循環擊垮的我加入了自助團體，嘗試戒除暴飲暴食的習慣，到現在已經一年了。我覺得我很適應我參加的自助團體，這些人就像我一樣，我在很多方面也和他們相似。不過我很快就發現，要熬過治療過程非常痛苦。

足足六個月的時間，我沒有感受到任何情緒，或者應該說，我無法辨別任何一種情緒。但是，我也看到小組成員面對他們的問題時體驗到各種感受，還有他們確認、重新體驗了從前因為太痛苦而無法感受的事件。

我開始願意冒險讓這些人認識我，主要的動機是希望能戒除暴飲暴食的習慣。我逐漸覺得這個小組是個可以信賴的家庭，我在這裡可以成長，重新體驗我在自己家中沒有得到的一切。我開始和小組進行坦誠的互動，即使我很擔心，覺得不值得花費小組的時間和小組全部的注意力。慢慢地，在小組真誠、坦率的互動中，我的自尊心逐漸提升。我坦然承認自己有情緒，樂於識別自己的情緒，也為了能夠感受自己已經療癒，願意將情感表達出來。我不再以毀滅性的模式處理人際關係、看待自己，我尋找自己光是因為「存在」就與生俱來的價值。我開始談我成長時在家中覺得自己是個隱形人，我對這件事又有什麼感受。能夠依照自己的感受，照實講出我的故事，對我而言是種解脫。誠實面對自己是療癒的核心

——這點很難做到，因為在我開始治療時，並沒有自我感。我發現對我來說，即使只是稍稍明白自己擁有權利，都需要時間。為了建構出健全的自我，需要花費時間，也需要我經常正視自己的感覺。

凱西的故事符合許多不健全家庭的特徵與常見的家長狀況，包括極度嚴格、極端苛刻、挑剔、苛求完美，以及與孩子和家人的關係十分冷淡或不慈愛。這些家長能力不足，無法滿足孩子在精神、情緒和心靈方面的需求。

這些問題經常是潛伏、隱祕、不易察覺的，可能很難確認，必須參與自助團體、團體治療、個別諮商等重要的復原工作，或是和信賴的他人分享。從表面看來，外人通常不認為這些家庭有問題或不健全，事實上，大家時常認為這些家庭是很正常或健全的。這種類別的不健全家庭有待更多觀察和研究。

虐待兒童（包括身體、性、精神、情緒、靈性等方面）

虐待兒童的現象，在各種各樣的問題家庭中都很常見。嚴重的身體虐待和明顯的性虐待，對孩童造成的創傷是顯而易見的，但其他形式的虐待也許就較難辨識。其中包括輕度到中度的身體虐待、隱祕或較不明顯的性虐待、精神和情緒虐待、忽視兒童、忽略或阻礙孩童的心靈成長。隱祕的性虐待例子包括父母的調戲，描述性方面的經驗、故事或玩笑；碰觸子女不恰當的身體部位；以及任何的激發性欲的不必要行為。這些形式的虐待，通常會導致根深蒂固、強烈的罪惡感和羞愧感，而且當事人會在不知不覺中帶著這些包袱進入成年期。

共同點

在不健全的家庭中，這七種家長狀況時常是混合存在的。在這類家庭中，扼殺內在小孩的過程（也有人會用更強烈的字眼——謀殺孩子的靈魂）有些共同的特徵，像是無一致性、不可預測、反覆無常、混亂。無一致性和不可預測往往會壓抑孩子的自發行為，而且通常會「搞得人發瘋」。如果再加上反覆無常，可能會導致孩子難以相信別人、害怕被遺棄、慢性憂鬱症等核心問題，結果造成混亂，因而妨礙孩子建立安全、安心、可靠的基礎，缺少這些基礎，我們就無法藉由冒險分享去了解自己和別人。

雖然這些不健全家庭有很多共同的特徵，但並非每個不健全家庭都會出現所有的特徵。

無一致性

許多不健全的家庭缺乏一致性，唯一一致的地方，是一致否定許多家庭成員的感覺，並且否認一個以上的家庭祕密存在。刻板僵化的問題家庭往往比較具有一致性，也較容易預測。由於這種家庭要求過多，這樣的特性會控制、終止家庭和個人的成長。

不可預測

許多不健全家庭是不可預測的，這點很容易預料。也就是說，家庭成員會明白，他們可以預期隨時都可能有不可預測的事情發生。另一種狀況是，很多人會知道「該預期什麼」，甚至能預測何時發生，雖然他們自己可能沒有這樣的自覺，也沒有和別人談論過。他們通常長期生活在恐懼之中，「如履薄冰」，擔心自己會再度受到傷害。

反覆無常

在這樣的家庭，無論家庭成員是誰或者他們多麼努力嘗試，有問題的那個人仍會用同樣的方式虐待他們。在規則毫無道理可言的家庭裡，孩童會失去對規則設定者（家長）以及對自己的信任，無法理解自身所處的環境。另一方面，儘管僵化的家庭也許沒那麼反覆無常，仍然是有問題、不健全的，而且僵化的尺度也經常變動不定。

混亂

混亂可能會是下面任何一種情況：❶身體或情緒上的虐待，讓孩子學會羞愧、內疚和「無感」；❷性虐待，除了讓孩子學會與❶相同的事外，再加上不信任及害怕失控；❸經常發生危機，使孩子對人生採取危機導向的思維；❹可預料、封閉的溝通方式，教導孩子「不許說」、「不要做真實的自己」和否認；❺失控，使孩子執著於掌控、失去自我界線、缺乏自性化。

雖然不健全家庭有混亂的傾向，但是在許多問題家庭當中，混亂要嘛不存在，要嘛極為少見。在這種狀況，混亂的表現形式時常是很難察覺的。要扼殺內在小孩，不一定得出現劇烈或明顯的混亂，光是「可能發生混亂」，無論多麼單純或短暫（不管是危機、任何形式的虐待，還是目睹其他家庭成員遭受虐待），都會造成傷害。這種情況會灌注恐懼到我們心裡，阻礙我們做真實的自己、擁有創造力。當我們不能做真實的自己，失去創造力，就無法發現、探索、完成自己的故事，從而成長進步，也因此無法擁有平靜的心靈。

即使一年只發生一、兩次劇烈的混亂，這種混亂的不可預測性、衝擊性、對自己和他人造成傷害的威脅，就足以破壞平和與寧靜。

無論混亂是正在爆發或即將逼近，處於這種環境的家庭成員也許覺得這很普通、很「正常」，沒有意識到這就是混亂。這個原則對本章裡提到的所有特徵都適用。

不當對待

各種形式的虐待兒童（不當對待或虐待）會傷害真我的成長、發展與活力，卻可能難以察覺。表C中列出了一些例子。

◈表C　兒童和成人可能遭受的精神、情緒和心靈創傷

遺棄	
忽視	
虐待：身體——打屁股、毆打、拷打、與性有關的傷害等等。 精神——與性有關的隱祕傷害（見以下） 情緒——（見以下） 心靈——（見以下）	
羞愧	限制
羞辱	封閉
貶低	拒絕給予愛
造成內疚	不重視
批評	懷疑
丟臉	認定無用

開玩笑	誤導
嘲笑	反對
戲弄、操縱	輕視或無視你的感覺、渴望或需求
欺騙	違背諾言
哄騙	虛假地給予希望
背叛	回答不一致或反覆無常
傷害	提出含糊不清的要求
殘忍	扼殺
貶損、恐嚇	宣稱「你不該……有這種或那種感覺」，例如憤怒
屈尊俯就 威脅 造成恐懼 壓制或欺侮 控制	聲稱「要是……就好了」或「你應該……」，例如「更優秀」 或和現在不一樣（參見第五章表3列出的負面訊息）

否認感覺和現實

不健全的家庭往往會否認感覺，尤其是不快的感覺。孩童和許多的成年人都不受允許表達感覺，特別是負面感受，比如憤怒。然而，在家庭中，通常會至少有一名成員可以公開表達負面情緒，尤其是憤怒，這個人通常是有酒癮或其他問題的那個人。在這種家庭，憤怒長期積累，成員又不能直接表達怒氣，結果憤怒時常以其他形式表現出來，例如傷害自己與別人、反社會行為、各種急性和慢性病（包括與壓力相關的疾病）。孩子看到的現實遭到否認，家庭成員將新模式、觀點或假的信念體系所塑造的現實當成真的，這種幻想經常將整個家庭以更加不健全的方式綁在一起。這樣的否認和新的信念體系，會抑制並妨礙孩子精神、情緒和心靈方面的成長與發展。

在此重申，儘管察覺這裡描述的狀況會令你感到不自在，卻能讓你踏上脫離折磨和混亂的路。不健全家庭的共同特徵總結如下，家庭中至少會包括一項以下的問題，不過通常會出現好幾項：

- 忽視
- 虐待
- 無一致性
- 不可預測
- 反覆無常
- 否認
- 有一個以上的祕密
- 拒絕承認感覺
- 拒絕承認其他的需求
- 刻板僵化（部分家庭）
- 有時混亂（包括危機導向）
- 有時安靜、運作正常

其他不健全家庭的特徵，可能包括各式各樣的忽視和虐待。獲悉虐待、受創的例子，加以反思，有助於我們找到真我，傾聽他人講述受到虐待或創傷的故事也有幫助。但是，要開始驗證自身的創傷經驗，最好的一種方法是，對接納、支持我們、不會背叛我們的信任、不會拒絕我們的人，講述我們的親身故事。

附錄二　需要特別注意的失落事件

◈表D　酒癮、藥物依賴、共依存症、酗酒、成長於不健全家庭者需要特別注意的失落事件

1	期待、希望、信念。
2	自尊。
3	一部分自我（除了自尊以外）。
4	生活方式。
5	立刻改變意識狀態，或是立刻緩解痛苦（酒精、藥物、腎上腺素）。

6	過去未體驗過的關係。
7	過去未完成的成長階段。
8	過去未哀悼過的失落與創傷。
9	現有關係的改變。
10	失落的潛在威脅。

跟心裡的傷痛告別

創傷療癒大師教你如何修復失衡的人生

Healing the Child Within:
Discovery and Recovery for Adult Children of Dysfunctional Families

作者 查爾斯．惠特菲爾德醫學博士 Charles L. Whitfield M.D.
譯者 黃意然
總編輯 汪若蘭
執行編輯 陳思穎
行銷企畫 許凱鈞
封面設計 Ancy PI
版面構成 呂明蓁
發行人 王榮文
出版發行 遠流出版事業股份有限公司
地址 臺北市南昌路 2 段 81 號 6 樓
客服電話 02-2392-6899
傳 真 02-2392-6658
郵 撥 0189456-1
著作權顧問 蕭雄淋律師
2019 年 4 月 1 日 初版一刷
定價新台幣 350 元

ISBN 978-957-32-8486-4
遠流博識網 http://www.ylib.com E-mail: ylib@ylib.com
（如有缺頁或破損，請寄回更換）

國家圖書館出版品預行編目 (CIP) 資料

跟心裡的傷痛告別：創傷療癒大師教你如何修復失衡的人生 / 查爾斯．惠特菲爾德 (Charles L. Whitfield) 著；黃意然譯．-- 初版．-- 臺北市：遠流，2019.04
面； 公分
譯 自：Healing the child within : discovery and recovery for adult children of dysfunctional families
ISBN 978-957-32-8486-4(平裝)

1. 心理治療

178.8 108003043